소리를 보는 사람들

—

시인

視人

Augenmenschen

지은이 **요한나 크라프**

삽화 **코리나 아벤즈-롯**

목차

발간사	4
작가의 말	6
들어가는 말	10
수어	18
리타 짐머만	**22**
농인, 소리를 못 듣는 사람, 난청인, 그 개념정의	46
윌리 마터	**50**
음성언어 대응식 수지 언어	74
파울리네 로러	**77**
음성언어 교육과 이중언어 교육	90
코리나 아벤즈-롯	**93**
1880년 밀라노 회의	118
파울 폰 모스	**121**
농인 문화	138
바바라 디아즈	**141**
차별	164
파트릭 목	**169**
유럽 공동 언어평가기준과 스위스 수어	190
파트리샤 헤어만-쇼어즈	**193**
인공와우	220
에이멘 알-칼리디	**223**
수어 통역	236
바바라 부허	**239**
일러두기	256
참고자료	268
저자·역자 소개	270

발간사

　금번에 (사)영롱회에서 "소리를 보는 사람들"을 번역 출간하게 되었습니다. 지난 2013년 미국 갤로뎃대학교 출판사의 "deaf daughter hearing father"를 "농인 딸아이를 키우는 아버지의 육아일기"로 출간하였고 이어 2020년 농자녀를 둔 일본인 어머니 다마다 사토미가 쓴 "小指のおかあさん"를 "수어로 키우고 싶어"로, 2022년 미국 농인협회의 "Legal Rights : The Guide for Deaf and Hard of Hearing People"을 "인권과 장애"로 출간한 이후 네 번째 번역 출판 서적입니다. 이 책은 스위스에서 발간한 책으로 농인 8명과 난청인 1명, 그리고 수어통역사, 모두 10명의 이야기가 담겨져 있습니다. 독일어로 된 책을 번역 출간하기는 처음이고 다소 어려운 점도 없지 않았지만 책이 나올 수 있게 되어 기쁘게 생각합니다.

　이 책의 원제목은 "Augenmenschen"으로 영어로 번역하면 eye person이 되고 우리말로는 보는 사람, 즉 시인 視人으로 번역될 수 있습니다. 농인은 일상적인 소리를 듣기 어렵기에 보는 것(시각적인 정보)이 중요합니다. 수어는 보이는 언어이며 농인들의 모국어입니다. 한글이 농인들에게는 제2 외국어이며 언어가 다르면 다른 민족임을 잊지 말아야 할 것입니다. 이 책을 통해 한 단면이지만 외국 농인들이 어떻게 살아가고 있으며 우리나라 농인들과의 유사한 점이나 차이점들을 살펴보며 농사회의 발전에 도움이 되었으면 합니다.

장애계가 88올림픽 이후 많은 발전을 해 왔지만 농인 사회는 발전의 속도가 느린 것이 안타깝습니다. 우리나라에서 청각장애로 등록된 인구는 2023년 기준 통계로 43만 3천 명으로 전체 15개 장애유형에서 16.4%를 차지하고 있습니다. 고령화 사회로 되면서 노인성 난청이나 중도 청각장애인들도 늘어나고 있습니다. 사회와 당국이 보다 적극적인 관심을 가지고 각별한 배려를 농사회에 해주었으면 합니다. 아울러 농인들도 노력하여 훌륭한 농인 지도자를 배출하고 세계무대에서도 한국 농인들의 역할이 증대되어 더욱 발전하는 농사회가 되기를 소망합니다.

이번에 한국번역 출판을 허락해 준 스위스 출판사와 한국출판을 맡아주신 라온누리 이승훈 편집국장님, 또한 이 책의 출간을 재정적으로 지원한 밀알복지재단에 대하여 깊이 감사드립니다. 번역해 주신 홍승희 선생님, 감수해 주신 허일 교수님, 디자인과 편집으로 수고해 주신 유주연 님, 디자인과 기획을 맡아 준 안소현 실장의 노고에도 감사를 표합니다.

한 권 한 권 농관련 서적이 출간되어 농사회에 기초가 되기를 바라며 농인들이 그들의 문화를 보다 폭넓게 구가하기를 기원합니다.

감사합니다.

사단법인 영롱회 이사장　안일남

작가의 말

농인은 시각에 강하게 의존한다. 그래서 농인을 종종 보는 사람 '시인 視人'이라고도 부른다. 대화할 때는 반드시 상대방과 눈을 마주쳐야 한다. 수어로 소통하거나 말하는 사람의 입 모양을 읽어야 하기 때문이다. 농인은 청인과는 근본적으로 다르게 세상을 경험한다. 예를 들어 나지막이 날아가는 비행기나 목이 쉬도록 울어대는 수탉 때문에 새벽잠을 설칠 필요가 없다. 혼잡한 거리의 차 소리나 공사현장의 소음으로 방해받지 않으며, 새들의 지저귀는 소리 없이도 봄을 맞이한다. 또한 기차 안에서 옆 사람이 휴대전화로 통화하는 내용이나, 카페의 옆 테이블에서 벌어지는 열띤 토론을 굳이 들어야 할 필요도 없다. 하지만 농인은 시야에 없는 사람이 등 뒤에서 가까이 다가오는 인기척을 즉시 알아차릴 수도 있다. 진공청소기를 돌릴 때는 바닥의 진동을 감지할 수 있고, 문이 열리는 순간 밀려 들어오는 미세한 바람의 흐름도 체감할 수 있다. 어떤 청인도 이들처럼 두 손과 표정, 몸짓으로 한 편의 시를 그토록 격렬하게 표현하지는 못한다.

여덟 명의 농인이 들려주는 그들만의 사는 이야기를 이 책의 한복판에 담았다. 거기에 인공와우 이식을 받은 난청 남학생과 어느 수어통역사의 이야기도 덧붙였다. 모두 자신의 삶을 들려주는 동안 아주 은밀한 기억과 인상 깊은 경험을 내게 나누어 주었고, 그들의 일상도 엿볼 수 있게 해주었다. 그들이 내게 보여준 신뢰에 이 기회를 빌려 깊은 감사의 마음을 전하고 싶다.

나의 역할은 그들의 대화 상대이자 대변인이 되어주는 것이었다. 나는 가능한 한 내가 들은 이야기와 흡사하게 이들의 초상화를 묘사해 내려 애썼다. 이 과정에서 내가 기여한 것이 있었다면, 인터뷰 대상을 고르고 질문을 모으고, 또 그들의 답변을 분석한 것뿐이다. 그러다 보니 어느새 하나의 모자이크 그림이 완성되었다. 열 개의 운명이 저마다 만들어낸 열 개의 다양한 관점을 종합했다. 이 모자이크 그림을 구성하는 유리 돌은 저마다 울긋불긋 각양각색으로, 그 돌을 연결하는 줄눈도 여기는 이렇게 넓은데, 저기는 너무 좁아서 제대로 눈에 띄지 않는 것들도 있었다. 이 책을 읽는 독자들은 한 걸음 물러나 멀리서 그림 전체를 감상하기를 권한다. 대다수가 청인인 사회에서, 전혀 혹은 잘 듣지 못하는 농인으로 살아간다는 것은 과연 어떤 것일까? 수어를 유창하게 구사한다는 것은 청각장애인에게 일종의 유익을 의미하는 선택사항인가 아니면 오히려 의사소통의 장벽을 없애기 위한 필수 조건인가? 아니면 그 반대일까? 장마다 특별히 다뤄지는 주제 다음으로 소개되는 각 인물에 대한 이야기는 주제에 대한 답변이 되기도 하면서, 또 다른 질문을 담고 있기도 하다. 어쩌면 지금까지 어떤 청인이 생각도 해보지 못한 새로운 질문이 나올 수도 있다.

한스 요르그 롯에게 특별히 감사하고 싶다. 그가 내 글을 처음부터 끝까지 꼼꼼하게 읽어가며 수시로 던져온 신랄한 질문들은 내게 매번 새롭게 고찰할 수 있는 기회가 되었다. 나의 가족과 세심한 독자들, 내 원고를 세밀히 감수 및 교정해 준 바바라 부허에게도 감사의 마음을 전한다. 내 프로젝트에 끊임없는 활기를 불어넣어 준 베르나데테 뮐레바흐에게도 깊은 감사의 뜻을 표한다. 그녀의 열화와 같은 성원이 없었다면, 이 모자이크를 완성하기까지 그 길고 긴 시간 속에서 나는 어쩌면 용기를 잃고 포기하고 말았을 것이다. 또한, 재정적인 후원을 해 준 취리히 키와니즈 클럽(역자 주: 어린이를 위한 국제 봉사 기관)의 여성 회원 여러분에게도 감사의 마음을 전한다.

2014년 요나에서 요한나 크라프

들어가는 말

내가 수어와 수어를 하는 사람들과 관련된 일을 하면서부터 주변에서 자주 듣게 되는 질문들은 늘 동일했다. 그도 그럴 수밖에 없는 것이, 청인들의 대부분은 –아니 청인 모두라 하는 게 옳겠다– 농인을 한 번도 만나본 적이 없어서, 고도의 청각장애를 가지고 산다는 것이 무엇을 의미하는지 전혀 모르기 때문이다. 이에 대해 몇 년 전에 있었던 한 일화를 들어 설명하고 싶다.

당시 귀갓길에 취리히에서 기차를 기다리던 중 예전에 함께 일했던 동료와 그 남편을 만났다. 같은 기차 칸에 앉자마자 우리 여자들은 곧 이야기보따리를 풀기 시작했다. 어떻게 지내니? 지금 어디서 일하니? 너 지금도 그리스어 배우니? 아니면 중국어였던가? 이미 정년퇴직을 한 나의 지인은 그녀의 꽉 찬 일상을 내게 보고했고, 나는 얼마 전 출판된 내 수어 교재에 관해 설명했다. 그때까지 신문 뒤에 폭 싸여있던 그녀의 남편이 갑자기 고개를 들고 질문했다. "농인이 어떻게 말을 배우나요? 전혀 불가능한 거 아닙니까?" 그의 이해를 돕기 위해 난 설명을 시작했다. "농인이 말을 배울 때는 모든 소리 하나하나를 의식적으로 자기의 것으로 만들어야 해요. 자기 구강에서 소리가 어떻게 만들어지는지 만지고 불고 확인하는 방법이 동원되어야 하는데, 연습에 연습을 거쳐야 해요." 흥미롭게 경청하던 그는 읽고 있던 신문 속으로 다시 몰입하더니 잠시 후 다시 우리의 대화에 끼어들어 질문을 던졌다. "수어는 만국 공용어겠네요. 아닌가요?" 나는 그렇지 않다는 설명을 했다. "수없이 많은 수어가 있는데, 스위스에만도 세 개, 독일, 프랑스, 이탈리아에 각각 하나씩 있어요." 무척 유감을 표하며, "절호의 찬스를 놓쳤네요. 국제 공용 수어가 하나 있었더라면 훨씬 편했을 텐데 말이에요."라고 그가 말했다. 나는 그에게 설명했다. "수어는 사람이 만든 발명품이 아니라, 프랑스어나 스위스 독일어처럼 하나의 언어 집단 안에서 자연스럽게 형성된 언어에요. 인공어인 에스페란토 Esperanto❶와는 전혀 반대되는 개념이지요." 지인의 남편은 감사하다고 말하고 다시 신문 뒤로 사라지나 싶더니, 여자들이 대화를 시작하기가 무섭게 그는 다시 질문 공세를 해왔다. "마지막으로 질문 하나 더 할게요. 농인은 어디서 단어를 배우는 거예요? 우리처럼 수시로 음성언어를 듣고 사는 게 아닌데 말이에요." "농인은 마치 청인이 외국어를 배워 자기 것으로 습득하는 것처럼 그렇게 음성언어를 배워야 해요."라고 나는 대답했다. 그의 신문은 마침내 무릎 위에 놓여졌고, 그의 신랄한 질문으로 우리의 대화는 깊어져 갔다. 내 동료가 때맞춰 잽싸게 그의 옷소매를 당겨 출구로 끌고 가지 않았다면, 그들은 내려야 할 정거장을 놓칠 뻔했

---

❶ 에스페란토의 기본서가 1887년 폴란드의 의사 루드빅 레이저 자멘호프 Ludwik LejzerZamenhof에 의해 출판되었고, 인류의 공용어를 만들자는 게 그 취지였다.

다. 바로 그때 옆에 앉아있던 한 신사가 말을 걸어왔다. "실례합니다. 두 분이 하시는 말씀을 흥미롭게 들었습니다. 저도 질문이 하나 있어서요. 왜…?"

이 일화가 시사하듯이 나는 수많은 상황을 통해 청인들이 청각장애인에 대해 얼마나 아는 것이 없는지를 실감해 왔다. 나는 이 책을 통해서 스위스에 거주하는 농인의 수(팔천 명이 채 못 되는 것으로 안다. 정확한 통계는 없다)❷를 알리고, 잘못된 선입견을 바로잡아주고 싶다(수어는 팬터마임이 아니다). 고도의 청각장애는 청력의 문제에만 해당되는 것이 아니라, 읽고 쓰기에도 간접적인 악영향을 주기 때문에 정보 수집 결핍까지 초래할 수 있다고 설명해 주고 싶다. 고도의 청력손실을 가진 청각장애인은 단순히 듣지 못할 뿐만 아니라, 말도 못할 것이라는 편견도 타파하고 싶다. 그들도 말을 할 수 있기 때문이다.

이 책에서는 여덟 명의 농인이 자신들의 삶을 들려준다. 윌리마터, 그의 부모와 형제는 모두 청인이다; 파울리네 로러와 파트릭 목, 이들의 부모와 형제 모두 청각장애가 있다; 바바라 디아즈와 리타 짐머만, 이들의 부모와 형제 그리고 자녀는 청인이지만 배우자는 청각장애가 있다; 파울 폰 모스의 부모와 자녀는 청인이고, 형제와 배우자는 청각장애가 있다; 파트리샤 헤어만-쇼어즈의 부모는 청인과 청각장애인이고 형제 중 한 명과 배우자가 청각장애인이

---

❷ 독일은 팔만 명, 오스트리아는 대략 만 명으로 추정된다.

다. 코리나 아벤즈의 부모와 배우자, 그리고 자녀 중 하나는 청인이고 다른 한 자녀는 청각장애인이다. 여기서 소개되는 인물 중 최연소자는 열두 살이고 최고령자는 칠순을 넘겼다. 추가로 인터뷰한 인물은 인공와우 이식을 받은 아이멘 알-칼리디로 수술 후 80% 내지 90%를 듣는다. 인공와우가 없었더라면 그는 전혀 못 들었을 것이다. 수어통역사인 바바라 부허는 부모가 모두 청각장애인으로, 청인과 농인 사회, 수어와 음성 언어가 동일하게 친숙하다.

각 장의 인물 소개에 앞서 농인과 수어에 관련된 중요한 주제 하나씩을 다뤘다. 그 주제에 관한 자세한 설명은 책 후면(역자 주: 일러두기)에 담았다. 해당되는 각주를 본문에 달아 놓았다.

소개되는 인물들의 인상 깊은 사진들은 마티아 잘레텔이 맡았다. 관리사무소에서 일하는 그는 틈만 나면 사진을 찍는 것이 취미이다. 그는 사진작가를 생업으로 하기에는 수입이 너무 불안정하다고 고백한다. 주로 농인협회에서 업무 제안을 받는다. 본인도 농인이기 때문이다. 코리나 아벤즈-롯이 수어를 삽화로 설명했다. 그녀와의 인터뷰는 93쪽에 소개된다.

이 책에 소개된 인물들은 저마다 고유한 자신들의 이야기를 들려준다. 매번 인터뷰 전에, 나는 그 인물을 선택한 이유를 상기하고, 그 인물과 관련된 중요한 주제에 대해 어떤 질문을 할지를 고민했다. 예를 들어, 청인 가족 중 혼자만 농인으로 태어나 보낸 유년기의 경험, 인공와우 같은 의료기술을 통해 습득한 언어와 그 영향, 직업교육의 과정, 직장 생활, 일상 소통 그리고 다른 나라 농인들의 삶의 환경 등이었다. 이렇게 각 주제에만 관련된 특정한 질문을 비롯해, 모든 인물에게 공통으로 적용되는 일반적인 질문 목록도 작성했다. 그 후, 인터뷰 대상자와 배우자에게 인터뷰 예약 날짜 2~3주 전에 그 목록을 보냈다. 그러고는 매우 설레는 마음으로 인터뷰 약속을 기다렸다. 서로 소통이 가능할까? 어떻게 인터뷰를 진행해야 할까? 마음이 서로 잘 통할까? 사실 이런 질문은 세 명의 인물을 인터뷰할 때만 필요했다. 아이멘 알-칼리디, 윌리 마터와 파울 폰 모스인데, 이들과는 음성언어로 인터뷰를 했기 때문이다. 이들과의 대화 중 일부는 여과 없이 그대로 담아낼 수 있었다.

바바라 부허를 제외한 나머지 인물들과의 인터뷰는 수어통역사의 도움을 받아 수어로 진행되었다. 이는 대화의 내용을 기록할 수 있도록 하기 위함이었다. 통역사의 역할에 대해 감사한 마음은 있었지만, 통역을 거쳐 나에게 전달된 것은 실제 인터뷰 대상자가 수어로 전달한 내용을 제3자인 통역사가 자신의 모국어인 스위스 독일어로 표현하는 것이었고, 나는 그것을 다시 문서화하는 것이었다. 이러한 두 번의 번역 과정으로 인해 인터뷰 대상자가 수어로 진술한 원래 내용과 표준 독일어로 표현된 문장 사이에는 약간의 차이가 있음을 간과할 수 없다. 그래서 수어통역사와의 인터뷰도 이 책에 담아, 통역사의 역할이 얼마나 중요한지를 알리고자 했다.

인터뷰를 마칠 때마다 녹음한 내용을 반복해서 듣고, 다시 되새겨 보는 과정을 거친 후에야 본문 작업에 들어갔다. 대화 내용이 문장으로 정리되자마자 수정과 보완을 위해 즉시 인터뷰 대상자에게 전달되었고, 그들이 진술한 내용과 내가 기록한 내용이 완전히 일치할 때까지 계속 수정되었다. 수어로 인터뷰가 진행된 여섯 인물의 성향과 통역에 따라 본문 작성 작업에는 큰 차이가 있었다. 어떤 본문은 몇 가지 세부 사항만 수정하면 되었지만, 어떤 본문은 서로 어긋난 내용이 존재했다. 인터뷰 대상자 중 몇 명은 내가 작성한 본문을 읽은 후, 자신들의 생각과 흥미로운 경험을 추가로 보내 주었고, 이는 본문의 적절한 위치에 삽입되었다. 또한, 여전히 의문이 남아있던 이유로 다시 만나 직접 대면해 이야기를 나눈 경우도 두 번 있었다.

각각의 인터뷰 본문은 다양한 형태를 가지고 있다. 세 개의 이야기는 삼인칭으로, 두 개는 일인칭으로, 그리고 세 개의 인터뷰와 액자 형식으로 서술된 이야기 두 개는 삼인칭 시점으로 통합되었다. 시점이 일관되지 않은 이유는 다음과 같다. 각 본문은 해당 인터뷰 상황과 진행 상태를 반영한다. 어떤 대화는 그들의 경험이 폭포수처럼 쏟아져 나왔지만, 어떤 경험은 몇 방울이 떨어지는 정도였고, 또 어떤 때는 조용히 출렁이기도 했다. 때로는 내가 물살의 방향을 정했고, 때로는 예상치 못한 방향으로 전개되기도 했다. 하지만 모든 만남에서 가졌던 동일한 사실이 하나 있다. 그것은 모든 경험이 흥미롭고 인상적이며 감동적이었다는 것이다. 이 책을 읽는 독자에게 나는 이제, 아주 특별하게 세상을 인식하는 시인 視人의 눈이 되어서 깊은 사색에 잠겨 보기를 권한다.

수어

수어는 만국 공용어가 아니다. 수어는 국제적으로 통용되는 유일한 언어가 아니며, 음성언어와 마찬가지로 아주 자연스럽게 발달했고 다양한 종류가 있다. 각 나라마다 사회와 문화, 역사적인 영향을 받아 나름대로 고유의 수어가 형성되었다. 예를 들어, 스위스만 해도 독일 수어 DSGS, 프랑스 수어 LSF, 이탈리아 수어 LIS와 같이 세 가지 주요한 수어가 사용되며, 스위스 독일어권에는 바젤 Basel, 베른 Bern, 루체른 Luzern, 세인트 갈렌 St.Gallen 그리고 취리히 Zürich와 같이 다섯 개의 주요 방언이 있다. 대부분의 농아동은 수어를 주로 학교 쉬는 시간 운동장에서 서로 배우는데, 때로는 학교 수업에서 배우는 경우도 있다. 농인 부모를 둔 아동이라면 일반적으로 가정에서 수어를 배운다.

수어는 음성언어만큼 다양하지는 않다. 때문에 농인은 청인에 비해 비교적 자유롭게 언어의 장벽을 넘나들 수 있다. 국제적인 모임에서 농인은 생생한 몸짓을 통해 쉽게 의사소통을 할 수 있다. 이러한 소통 방식을 하나의 언어로 간주하기는 어렵지만, 다양한 농인 문화▶21[1]간의 다리 역할을 하기 때문에 이를 '국제수화 International signs'라고도 한다.

❶ 일러두기 참조

수어는 팬터마임과 혼동되어서는 안 된다. 가장 쉽게 구분하는 방법은 '한 이야기가 팬터마임으로는 훨씬 쉽게 일반인에게도 이해되는 반면, 똑같은 내용을 수어로 표현하면 그 언어를 모르는 사람은 도저히 이해할 수가 없다.'[2]는 것이다. 수어에 능숙한 사람은 추상적인 개념이나 복잡한 문장도 음성언어처럼 자유롭게 표현할 수 있다. 스위스 독일권 수어에 사용되는 추상적인 단어를 예로 들면, 신뢰하다, 가능하다, 동의하다, 노란색, 능력 있다 등이다.

또한 '아이콘 몸짓(도상성이 강한 생산적 수어 표현)'이라고 하는 그림 같은 수어동작이 있다. 이러한 동작의 의미를 이해하려면 상상력이 필요하다. 예를 들어, 자동차를 표현할 때는 두 손이 핸들을 움직이는 모습을 따라 하거나, 우유를 나타낼 때는 두 손으로 젖을 짜는 동작을 한다. '수어를 모르는 사람들에게도 이러한 몸짓이 이해될 수 있지만, 몇 가지 연구 자료에 따르면, 이 수어 표현으로는 성인 농인이 사용하는 전체 어휘량의 삼분의 일에서 절반 정도만을 표현할 수 있다.'고 한다.[3]

수어에도 다른 언어처럼 고유한 문법 체계가 있다. 스위스 독일어권 수어에서 두 가지 예를 들어보자. 가장 일반적인 원칙은 시간을 나타내는 단어를 가장 먼저 시작하거나, 시간을 나타내는 몸짓이 문장의 시작 부분에 위치한다는 것이다. 또 다른 원칙은 '가볍게 고개를 앞으로 끄덕이며 눈썹을 올린 채 눈을 크게 뜨는 몸짓을 통해 예/아니요 대

---

[2] 페니 보이즈 브레엠 Penny Boyes Braem, *수어 개론과 탐구*, 함부르크, 1995년, 33쪽

[3] 페니 보이즈 브레엠, *수어 개론과 탐구*, 함부르크, 1995년, 36쪽

답을 요구하는 의문문을 표현한다.'❹는 것이다.

수어에는 양손과 팔, 표정, 시선, 머리, 상체에서 입 모양▶26까지 활용된다. 각 몸짓은 손의 모양(주먹 쥔 손, 집게손가락을 벌린 주먹, 손가락을 활짝 벌린 손)과 손의 위치(손등을 아래로 혹은 위로), 동작이 진행되는 위치(얼굴 앞 혹은 가슴 앞), 또는 움직임(원을 그린다거나 아니면 물결 모양)을 통해 정의된다. 이러한 요소 중 하나만 변해도 동작의 의미가 크게 달라진다. 눈으로 감지가 가능한 수어는 삼차원의 공간을 사용하기 때문에, 여러 단어로만 연결되는 이차원적인 음성언어에 비해 더 많은 정보를 각 몸짓(신체 조음자)에 동시에 담을 수 있다. 예를 들어, '보다'라는 동작을 하면서 상대방의 방향으로 움직이면, '나는 너를 바라본다.'라는 의미가 되고, 반대로 상대방 위치에서 나의 방향으로 이 동작을 하면, '네가 나를 바라본다.'라는 의미가 된다. 동시에 표정(비수지표지)으로 '놀랍게 바라본다.', '납득하지 못하는 표정으로 바라본다.', 아니면 '남몰래 바라본다.'는 뜻도 추가해서 동시에 표현이 가능하다. 또한 동작의 격렬함을 조절하여 바라본다는 의미의 강도를 다양화시킬 수 있다.

수어를 문서화하기가 어렵기 때문에 농인은 문자언어로 읽고 쓰는 작업을 동반해야 한다. 그들에게는 외국어나 다름이 없는 언어로 다시 표현하는 셈이 되는 것이다. 수어에는 (아직) 존재하지 않는 단어나 약칭, 또는 정체불명의 호칭은 지화 指話▶9를 이용해 철자를 대신한다. 한 손을 이용해 철자를 만들어 보이는 한 손 지화가 세계적으로 일반화되어 있다.

❹ 페니 보이즈 브레엠, 수어 개론과 탐구, 함부르크,
1995년, 105쪽

리타 짐머만
RITA ZIMMERMANN

1947년생

리타는 다섯 살 반이 되었을 때 청각장애 진단을 받았다. 그 후 재활교육을 받기까지 몇 년이 더 걸렸다. 주변 사람들과는 그저 간단한 몸짓만 하다가 언어라는 수단으로 소통이 가능해지기까지는 7년이란 세월이 더 걸렸다. 그럼에도 불구하고 리타가 자신의 길을 가는 모습은 매우 인상적이다. 모피 재봉사인 그녀는 수어 교사 자격증을 딴 후 지금까지 청인과 농인을 가리지 않고 많은 학생들에게 사랑하는 수어를 가르치는데 열정을 아끼지 않았다. 현재는 디마 Dima 어학원❶ 직원으로서 농인 이민자들에게 수업을 하고 있다. 또한 직장 생활을 하는 딸을 도와 틈틈이 손주들을 돌보기도 한다.

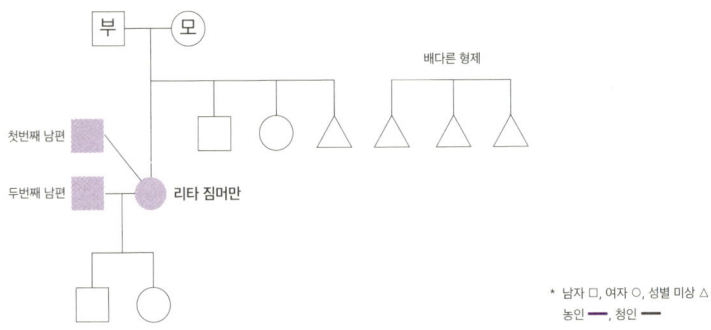

* 남자 □, 여자 ○, 성별 미상 △
농인 ━, 청인 ━

❶ 디마는 일상 독일어의 준말

리타는 매우 영리하고 주의 깊은 아이였다. 새끼 고양이처럼 늘 촉각을 곤두세우고, 주변에서 곧 무슨 일이 일어날지 암시가 될만한 신호를 지켜봐야 했다. 아주 어릴 적부터 그녀는 어떻게든 주변 환경으로부터 소외되지 않도록 나름의 전략을 본능적으로 개발해왔다. 이웃집 강아지와 놀 때면 그의 귀에서 시선을 떼지 않았는데, 두 귀가 갑자기 쫑긋 세워지면, 그것은 그녀가 주변을 살펴봐야 한다는 신호였다. 방금 누가 그녀의 이름을 부른 것일까? 설사 그렇다 해도, 들을 수 없었다. 리타는 농아동▶15, 17으로 이 세상에 태어났기 때문이었다.

리타는 네 남매 중 장녀였고, 막냇동생은 태어난 지 몇 달 만에 세상을 떠났다. 리타가 네 살이 되던 해 부모님은 이혼했고, 세 남매는 곧 다른 사람의 손에 맡겨져야 했다. 여동생은 어머니의 대모에게 보내졌고, 리타와 남동생은 세인트 갈렌의 한 보육원에 맡겨졌다.

그때까지 리타가 농아동이라는 사실을 아는 사람은 아무도 없었고, 그녀가 왜 말을 못 하는지 의문을 가져본 사람조차 없었다. 그녀의 부모는 자신들의 부부 문제에 너무 급급한 나머지 어린 딸아이를 돌볼 마음의 여유가 없었던 것일까? 보육원 선생님은 아이들의 신체적 건강만을 중요하게 생각하여 자신의 책임을 다한 것으로 여긴 것일까? 아니면 리타의 비범한 관찰력 덕분에 그동안 아무도 눈치를 채지 못한 것일까? 아직까지 풀리지 않는 수수께끼이다.

1년 반의 세월이 지나고 삼 남매는 다시 어머니 품으로 돌아갔다. 리타가 여덟 살이 되던 해 어머니는 재혼하고, 새아버지는 삼 남매를 모두 입양했던 것이다. 그리고 세 남매가 또 태어났다. 대가족이란 부담은 증가되고, 맏딸인 리타는 자연스럽게 보모와 가정부 역할을 떠맡게 되었다. 온 가족의 이부자리를 돌보고, 빨래와 요리를 감당했을 뿐 아니라, 어린 동생들의 기저귀를 갈고 밥을 먹이는 일도 리타의 몫이었다. 열다섯이나 어린 손아래 동생은 오늘날 리타가 자신의 어머니나 다름없다고 고백한다. 자유 시간이나 정원에서 뛰어놀 여유 같은 것은 꿈도 못 꾸었다. 독재자 같은 새아버지는 한치의 거역도 허락하지 않았고, 체벌도 서슴지 않았다. 리타는 자기 가족에게 징용된 베르딩 어린이 Verdingkind❷와 다름없었다.

그래도 리타는 기죽지 않고 묘안을 짜내어서 나름대로 앙갚음을 했다. 가령 침대 시트를 절반으로 접어 넣어 발을 뻗을 수 없게(역자 주: 애플파이 침대 Apple-pie bed) 만든다든가, 잠옷 소매를 꿰매서 손이 들어가지 못하게 하기도 했다. 이러한 짓궂은 장난은 그녀에게 통쾌함을 주었고, 숨 막히는 일상에도 조금은 숨통이 트이는 순간이기도 했다. 리타는 새아버지의 체벌을 반항 없이 받아들였다. 어차피 그를 만족시키기란 불가능했기 때문이었다. 그에 반해 동생들의 삶은 훨씬 편했다. 세 살 어린 여동생은 늘 빠져나갈 궁리를 하

❷ 베르딩 어린이는 담당 관청에 의해 낯선 가정으로 보내진 아동을 일컫는 말이다. 대부분이 농가로 보내져서 임금은 커녕 용돈도 없이 강제노동에 동원되었다. 약탈이나 학대받는 일도 흔했다. 스위스에서는 이런 관행이 70년대까지 계속되었다.

며 리타에게 모든 일을 떠맡기고는 했다. 어머니가 역성을 들어주지 않고서는 본인이 자기 입장을 직접 피력하는 것은 불가능했다. 말로 소통하는 길은 리타에게 그토록 철저하게 차단되어 있었다.

이렇게 사람들과 말하고 듣는 의사소통 수단이 부재했지만, 다행히 리타는 낙심하거나 자기 세계에 자신을 가두지 않았다. 오히려 그 외로움 속에서 특별한 관찰력을 개발해 냈다. 한 번은 길고 어두운 쥐구멍 앞에 앉아 뚫어지게 들여다보고 있었다. 온갖 집중력을 동원해 생쥐가 기어 나오는 순간만 기다리고 또 기다렸다. 그러고는 정확한 찰나에 생쥐를 한 손으로 잽싸게 낚아채서는 어머니에게 그 전리품을 의기양양하게 보였다. 어머니는 깜짝 놀랐다. 아이가 생쥐를 잡다니, 고양이보다 더 노련한 것이 아닌가!▶8

하지만 리타가 이 상황을 설명할 길은 막연했다. 그날 밤 리타는 새아버지에게 그녀의 영웅담을 들려줄 수가 없었고, 동생들 앞에서도 자랑할 수가 없었다. 정작 어머니가 이웃에게 달려가 이야기했더라도 리타는 들을 수가 없지 않은가. 그녀에게는 소통의 통로가 없었다. 리타는 두꺼운 유리 벽 하나를 사이에 두고 그렇게 세상과 분리되어 있었다.

고립된 삶을 통해 얻은 것은 뛰어난 관찰력뿐만이 아니었다. 홀로 서는 법을 터득해야만 했고, 책임감도 그만큼 강해졌다. 아주 어릴때부터 옆집 개 한 마리를 데리고 홀로 기차를 타고 세인트 갈렌으로 가거나, 세인트 게오르겐 St. GeorgenGeorgen에서 케이블카를 타고 시내로 구경을 다녀오기도 했다. 케이블카 기사도 이미 리타가 집을 알아서 잘 찾아갈 것을 알고 있었기에 전혀 신경을 쓸 필요가 없었다.

리타와 동생들은 손짓으로 의사소통했다. 그녀가 동생들과 함께 나름대로 고안한 손동작으로 아주 필수적인 표현 몇 가지가 전부였다. '이리 와! 도와줘! 나 좀 내버려둬! 이 바보야!' 아니면 남동생이 리타의 소매를 잡아당겨 용건을 전하는 식이었다.

리타가 다섯 살 반이 되었는데도 말을 못 하자 그제야 초조해지기 시작한 어머니는 한 친구와 의논했다. 세인트 갈렌에 있는 농인협회와 언어치료학교에서 진찰을 받아보자는 제안이 왔다. 사실 리타의 어머니는 이미 의사에게 딸이 말을 하지 않는다는 우려를 내비친 적이 있지만, 의사는 리타가 그저 어리광이 심한 말괄량이라는 이유를 들 뿐 언어는 문제없이 저절로 배우게 될 것이라는 의견이었다. 그래서 그녀의 어머니는 안심했지만, 아이는 벌써 다섯 살 하고 6개월이 지났는데도 말 한마디를 입 밖에 내지 않고 있는 것이었다. 결국 어머니는 친구의 권유를 받아들이고 리타를 세인트 갈렌으로 데려갔고, 그곳에서 그녀는 딸아이가 농인이란 진단을 받았다.

농인이라니? 상상도 못 한 일이었다. 리타는 무엇이든 잘 따라 배웠고, 집안일도 부지런하게 잘 해내었고, 어린 동생들도 잘 돌봤다. 듣지 못한다는 것이 사실인가? 어머니는 망연자실한 채 리타를 데리고 집으로 돌아왔다.

그때만 해도 리타는 오늘날처럼 바로 재활 프로그램▶12으로 연결되지 않았다. 그 대신 리타는 부모와 소통이 전혀 불가능한 채로 그렇게 몇 년을 더 방치되었다.

여섯 살 반이 되던 해, 정확히 말해 1954년 봄, 리타는 드디어 열한 명의 청각장애 아동과 함께 언어치료학교에 입학했다. 같은 반 친구들은 모두 기숙사 생활을 하는 데 반해 리타는 매일 저녁 꼬박 한 시간이 걸리는 귀갓길을 감수해야 했다. 겨우 집에 도착하면 집안일이 그녀를 기다리고 있었고, 어린 소녀가 감당하기에는 너무나 고된 일상이었다.

수업을 따라가기가 결코 쉽지 않았는데, 그 이유는 리타의 실력이 뒤처져 있었기 때문이었다. 반 친구들과는 달리 리타는 언어를 접해보지도 못한 상태여서 입 모양을 읽을 줄도, 음성언어 단어를 발음▶1할 줄도 몰랐다. 리타는 그저 연습에 연습을 거듭하는 수밖에 없었다. 그 시절 수업의 최대 목표는 음성언어 습득이었다. '쉬'라는 발음을 연습하고, ㄱ과 ㅋ 발음을 구별하는 법도 배웠다. '르'를 발음할 때 혀를 굴리는 방법은 입 앞의 신문지 조각이 뒤로 날려야만 인정되었다. 구강의 앞부분에서 발음되는 '르'만 인정되고, 목구멍 뒤에서 나오는 '르' 소리는 허용되지 않았다. 이 학습 과정은 매우 고되고 시간도 많이 소요되었다. 또한 학생들은 읽기와 쓰기도 익혀야 했다. 입 모양 읽는 법을 터득하기 위해 학생들은 엄청난 끈기와 집중력을 발휘해야 했다. 독일어에서는 발음되는 소리의 30%만이 입 모양으로 읽힐 수 있고, 나머지 70%는 상황에 따라 짐작해야 했기 때문이다. 결국 어휘력의 기초가 요구된다. 자신이 모르는 단어는 입 모양만 읽어서 그 뜻을 유추해 내기는 불가능한 이유이다.

결국 어휘력 향상에도 힘을 써야 했다. 동일한 구조를 가진 문장들을 의미도 모르는 채 기계처럼 줄줄 외워야만 했다. 다시 말해 그저 껍데기뿐인 죽은 단어들을 그 의미도 제대로 파악하지 못한 채 그저 암기만 한 셈이다.

'나무는 푸르다', '숲은 푸르다', '담장이 푸르다'

나무는 무엇을, 숲과 담장이 무엇을 의미하는지 알 길이 없었다. 해당되는 그림이라도 보여주었다면 큰 도움이 되었겠지만 당시에는 그런 것도 없었다. 게다가 손으로 하는 언어, 수어는 8년 동안 엄격하게 금지되었다. 쉬는 시간 운동장에서조차 어김없이 선생님이 지켜 서서 이 철칙이 지켜지는지 감시했다. '손은 절대로 사용되어서는 안 된다. 이의는 없다.' 그러나 다행히도 선생님의 눈은 곤충의 눈이 아니었다. 선생님이 등을 돌리자마자 학생들은 수어를 사용했다. 리타에게는 새롭고 엄청난 경험이었다. 드디어 그녀는 말문이 막히거나 잘못 이해할까 하는 두려움 없이 마음껏 자유롭게 소통할 수 있게 되었다.

하지만 수어 사용이 이렇게 쉬는 시간, 선생님의 눈을 피해서만 가능했던 것은 참으로 유감스러운 일이었다. 왜냐하면 리타는 수어를 통해 자신을 더 많이 발견할 수 있었을 뿐 아니라, 음성언어를 배우는 데에도 큰 도움이 되었기 때문이다. 소리를 내어 하는 말이 이제야 그 뜻까지 내포하게 된 것이었다.' 예전에는 앵무새처럼 그저 흉내 내어 발음만 하며 기계처럼 암기만 했던 문장들이, 어느 순간 그 의미를 드러냈다. 아쉽게도 쉬는 시간은 너무 짧았고, 감독하는 선생님은 한눈파는 일이 없었다. 수어를 하다 들킨 학생은 손바닥을 회초리로 맞거나 '나는 수어를 사용하지 않습니다'를 백번 적어서 제출해야 했다.

수어와는 달리 보청기 사용에는 모두 관대했다. 10년을 모르고 살았던 이 기계를 갑자기 사용해야 했는데, 리타는 이 귀찮은 보청기가 그저 성가시기만 했다. 깨지고 갈라지는 듯한 정체불명의 소리가 도무지 그 출처를 모른 채 목 주변에서 윙윙거렸다. 리타는 집에 도착하기가 무섭게 그 지긋지긋한 기계를 빼 서랍에 넣어 두었다.

보청기를 사용하지 않아도 리타는 학업에 큰 성과를 보였다. 열심히 공부하고 배우는 것이 그저 즐겁기만 한 학구열 높은 학생이었다. 4년 후에는 읽기를 통달했고, 알지도 못하는 단어들을 그저 겨우 발음만 할 수 있게 된 것이 아니라 그 의미도 이해하고 기억하며 단편의 이야기도 이해할 수 있게 되었다. 그녀를 새로운 세상으로 인도하는 문이 활짝 열린 것이었다. 그녀는 동화를 즐겨 읽었고, 자신이 이야기를 지어내어 구어로만 아니라 수어를 사용해서도 구연하는 것을 좋아했다. 리타는 자신의 상상력을 채워줄 이야기와 소재에 대한 갈망이 쉽게 해소되지 않았다. 그녀의 이러한 열망을 학교가 채워줄 수 없었다. 학교 교과과정에는 국어(독일어), 수학, 미술, 과학, 지리만 있었고, 그녀가 그토록 사랑하는 이야기 과목은 수업이 없었기 때문이었다.

삼십 대 중반이 되어서야 리타는 당시 학교 수업이 얼마나 편파적이었는지를 깨달았다. 초등학교를 입학한 자신의 아이는, 리타가 학교 다니던 시절 6학년 때 다뤄지는 내용들을 벌써 1학년 과정에서 배우고 있었다.

학창 시절부터 리타는 독해력이 좋았고 책 읽기를 즐겨 했다. 크리스마스를 앞둔 어느 날 어머니가 어떤 선물을 원하는지 물었을 때 리타는 주저하지 않고 '책'을 소원했다. 부모는 그녀가 그토록 원했던 책을 선물하기는 했지만, 정작 독서에 대한 그녀의 남다른 열정을 이해하지는 못했다. 그래서 리타는 낮에는 몰래 책을 읽었는데, 그러다 새아버지에게 들키는 순간에는 즉시 책을 빼앗겨 버렸다. 잠자리에 들기 위해 침대에 누울 때면 비로소 시간과 여유가 생겼다. 그러나 그것마저 금세 들켜버린 후로 새아버지는 매번 리타의 방 열쇠 구멍을 들여다보며 불이 켜져 있는지를 확인했다. 이불 밑에서만 손전등을 켠 채로 책을 읽을 수밖에 없었.

이미 언급한 것처럼 리타의 일상은 가혹했다. 학교 선생님들은 엄했고, 등하굣길은 멀기만 했고, 집에 오면 늘 집안일이 기다리고 있었다. 요리나 육아를 배운 적도 없고, 누구 하나 빨래나 다림질을 가르쳐 준 적이 없지만, 리타는 필수적인 상식들을 스스로 터득할 수밖에 없었다. 오로지 관찰과 모방 그리고 반복을 통해서만 가능한 일이었다.

학교에서 입 모양을 읽는 법과 소리 내어 발음하는 법을 배운 후로 리타는 더 이상 이 세상에 아주 혼자가 아니었다. 동생들과 소통이 조금은 더 수월해졌기 때문이었다. 구어로 대화하기를 점점 더 많이 시도했다. 문제는, 학교에서는 표준어를 배웠지만 동생들은 사투리를 사용했던 것이다. 결국 리타는 사투리 말하기를 추가로 더 배워야 했다. 그것도 가능한 한 정확해야만 했다. 동생들은 선생님보다 더 잔인하게 리타의 발음을 비웃고 괴롭혔기 때문이었다. 그래도 리타는 기죽지 않고 오히려 더 노력했다. 하지만 이따금 부모님을 따돌리기 위해 동생들과 한패가 되기도 했다. 부모가 들어서는 안 되는 내용은 동생들이 소리 안 나게 입만 움직였고 리타는 그 입 모양을 읽었다.

부모와 리타 간의 소통은 여전히 제한적이었다. 리타는 학교에서 있었던 일을 설명할 수 없었기 때문에 식구들이 식탁에 한자리에 모이는 시간이면 늘 소외되었다. 모두가 리타에 대해 이야기하고 농담을 하지만, 그녀는 무슨 이야기가 오고 가는지 알 길이 없었다. 부모는 그녀의 심정을 이해하기는커녕 딸과 어떻게 소통해야 하는지조차 몰랐다. 자주 리타는 어머니에게 간청하고는 했다. "엄마, 무슨 이야기를 하는지 제발 제게도 말해주세요! 도무지 이해를 못 하겠어요." 그럴 때마다 어머니는 "넌 몰라도 돼." 하거나 나중에 설명해 주겠다며 미뤄버리기 일쑤였다. 하지만 그 나중이란 말은 무의미했다. 왜냐하면 어머니도 결국 식탁에서 있었던 대화 내용을 잊어버렸기 때문이다. 크리스마스나 부활절이면 왜 기념하며 축하하는지도 이해할 수 없었다. 아무도 그 명절의 의미를 설명해 준 적이 없었기 때문이었다. 그녀가 할 수 있는 일은 행사를 관찰하고 되도록 눈에 띄지 않게 처신하는 것뿐이었다. 그때 리타가 가졌던 궁금증은 나중에 그녀가 자녀들에게 가르쳐 주기 위해 책을 사 읽은 후에야 풀리게 되었다.

이렇게 리타는 문제를 스스로 해결하고, 두려움을 극복하고 또 상처로부터 자신을 보호하는 기술을 일찍부터 배워 나가야 했다. 사람들이 자신을 둘러싸고 키득거리며 떠들어 댈 때면 불안해하지 않고, 자신을 다독이며 이렇게 생각했다. '아니, 쟤들은 지금 나를 비웃고 있는 게 아니야.'[3]

어느새 리타는 학교 수업에서 이미 친구들을 따라잡았을 뿐 아니라 앞서고 있었다. 읽기가 가능해졌을 때 그녀는 한 가지 역할을 맡게 되었다. 다름 아니라 반 친구들을 돕는 일이었다. 예를 들면, 선생님의 지시를 이해하지 못한 친구들에게 다시 자신의 언어인 수어로 쉽게 풀어 설명을 시도했다. 그것은 반 친구들에게는 큰 도움을 의미했지만, 선생님에게는 달갑지 않은 간섭으로 비춰졌다. 그 상황에서 리타가 수어를 하기 위해 손을 올리는 순간, 의심할 여지 없이 체벌 대상이 되었다. 리타는 이를 아랑곳하지 않고 수업을 잘 따라오지 못하는 친구들을 도왔다. 읽고 있는 책의 내용이 의미 없이 공허한 소리에 지나지 않는다면, 어떻게 그 이야기를 파악할 수 있을까?

---

[3] 공공장소에서 수어를 사용하는 농인은 자연히 눈에 띄는 것도 감수해야만 한다. 다른 사람들에게 대화의 화제가 될 수도 있다는 의혹이 늘 따라다닌다. 청인은 절대 상상도 할 수 없는 감정이다.

8년 후에 리타의 학교 교육은 끝을 맺었다. 읽기, 쓰기, 독화(입모양 읽기), 그리고 음성 언어로 말하기도 잘 할 수 있게 되었다. 비록 쉬는 시간에만 가능하기는 했지만, 수어도 배우고 사용했다. 사실 그 당시에는 수어가 독일어나 영어처럼 문법 체계를 갖춘 완벽한 하나의 언어라는 가치를 알지 못했다. 게다가 농인이 무엇을 의미하는지조차 몰랐다. 듣는 것은 무엇을 의미하는가? 듣지 못한다는 것은 어떤 차이를 만드는가? 청인은 세상을 어떻게 체험하고, 농인은 세상을 어떻게 바라보는가? 이런 질문들은 학교에서 다루지 않았다. 다뤄지지 않은 주제는 그뿐만이 아니다. 성교육은 고사하고, 제대로 다뤄지지 않은 사회·정치적 문제들도 있었다. 이렇게 철저히 음성언어 중심의 교육이라는 그 목적이 달성되면 농인 학생들은 청인들의 사회와 직업 세계를 위한 준비를 완료한 것이라 할 수 있을까? ▶5, 28

1962년 봄, 열네 살의 나이에 리타는 훌륭한 성적으로 학교를 졸업했다. 관심은 여러 가지 분야에 있었지만 직업을 선택하는 데 많은 고민이 있었다. 어린아이들과 놀며 동화를 들려주는 것을 좋아했고, 손재주가 좋아 공작도 즐겨 했고, 인테리어 감각도 상당히 뛰어났다. 그래서 유치원 선생님이나, 장식가, 미용사 같은 분야에 관심이 있었지만, 리타로서는 희망도 가질 수 없는 상황이었다. 이런 직업교육은 그녀에게 부적합했다. 사무실에 앉아 정보 카드에 구멍을 뚫는 작업이나 재단사, 양탄자 재봉사, 다림질사 혹은 모피 재단사와 같은 직업이 더 현실적이었다. 문제는 이러한 직업들이 리타가 원하는 것이 아니었다. 어떤 반항도 헛수고였다. 결국 그녀는 모피 재단사 교육을 받기로 했다. 교육 기간 동안 리타는 힘겨운 시간을 보냈다. 직장 분위기는 매우 엄격했다. 엄격한 사장은 자주 호통을 치며 직원들을 힘들게 했다. 특히 리타에게는 일 처리 속도가 느리다며 자주 질책을 했다. 리타는 재봉 솜씨도 좋고 부지런했지만, 가끔 동료처럼 수다도 떨고 싶었다. 그러나 그러기 위해서는 리타는 일을 잠시 멈추어야만 했다. 눈을 마주치지 않고서는 대화가 불가능했기 때문이다. 그것이 사장의 호의를 얻었을 리 만무하다. 3년이란 시간은 혹독했다. 사장과의 대화는 상상조차 할 수 없는 일이었다. 이론 수업 같은 것도 없었다. 리타는 저임금 노동자로 이용될 뿐이었다. 그래도 포기하지 않았다. 최선을 다해 견디며 직업 교육만은 마쳐야 했다. 자격증이 없으면 사회에서 인정과 기회도 얻을 수 없었기 때문이다.

드디어 견습 기간의 교육은 끝나가고 삼 일간의 시험 기간이 시작되었다. 운이 좋게도 시험감독은 친절하고 관대했다. 리타에게 더 많은 시간이 할애되었는데도 불구하고 시험 첫날부터 실기시험 과제를 거의 다 마친 사실에 그는 매우 놀라워했다. 이렇게 해서 실기시험은 합격했는데, 이제 필기시험만이 남았단다. 하지만 이론 시험이라니? 리타는 도무지 알 길이 없었다. 취리히의 직업학교를 다니기는 했지만, 그녀는 농인 들로 구성된 특수 학급에 속해 있었고, 다른 학급과는 다르게 일반 교양 과목만 수업을 받았었다. 사장도 모피에 관한 이론교육을 제공한 적이 없었고, 직원들의 질문을 받아주기는커녕 오히려 온갖 핑계로 외면했다. 그런 판국에 어떻게 이론시험을 볼 수 있다는 말인가? 시험감독은 리타의 문제를 즉시 간파하고 그녀에게 책 세 권을 주고 읽게 했다. 이틀의 시간을 주었고 읽은 내용을 감독이 물어 확인하겠다고 했다. 리타는 책을 안고 집으로 왔다. 책 세 권을 다 읽기에도 이틀은 그리 넉넉하지도 않았는데, 요리에 집안일까지 병행하자니 시간은 정말 빠듯했다. 새벽까지 공부하고 잠시 잠을 청했다가 여섯 시면 다시 일어나 책을 읽었다. 주요 요점에 집중하기로 했다. 이틀 후 시험장에 나타난 리타는 긴장감에 몸이 떨렸다. 그도 그럴 것이 그토록 짧은 시간에 그 많은 이론을 소화해 낸다는 것은 불가능하기 때문이었다. 시험감독은 리타를 달래며 질문을 시작했다. 수어통역사는 고사하고 시험은 온전히 음성언어로 진행된 것이었다. 하지만 최선을 다했다. 잠시 후 그는 질문을 멈추고 말했다. "학생은 합격입니다. 공부할 시간이 이틀밖에 없었던 점을 감안하면, 아주 훌륭하게 시험을 치른 셈이군요." 리타는 믿을 수가 없었다. 그렇게 해서 그녀는 직업교육 과정 하나를 이수한 것이었다.

하지만 그렇다고 해서 리타의 업무환경이 개선된 것은 없었다. 사장은 오히려 리타가 합격한 것이 아니라고 우기며 그녀의 변화된 자격을 인정하려 들지 않았다. 그가 리타를 저임금 노동자로 악용하려 했기 때문이었을까? 아니면 농인은 그의 비열한 처우를 미처 깨닫지 못한다고 생각했기 때문일까? 리타는 점점 불안해졌고, 어머니마저도 기대가 사라지며, 그녀는 어찌해야 할 바를 몰랐다.

리타가 착각한 것일까? 리타의 어머니는 보다 못해 그 시험 감독관에게 전화했고, 마침내 리타의 합격을 재확인했다. 그런데도 사장은 합격 증명서를 가져오라 막무가내였다. 결국에는 시험감독관이 그 앞에 직접 나타나서야 사장은 인정을 하고, 리타가 성공적으로 견습 기간을 마쳤다는 소견서를 그녀에게 발급해 주었다. 이렇게 해서 모든 의심은 단숨에 사라졌다.

리타는 그 직장에 머물렀지만 이제 다른 차원의 자신감으로 일할 수 있게 되었다. 이제는 더 이상 두렵지 않았다. 사장에게 리타는 더 이상 그 옛날의 리타가 아니었고, 본인도 예전의 자신이 아니었다. 사장의 불공평한 처우와 이유 없는 욕설에 항의했고, 다른 직원들의 일을 자신이 맡아 하는 일도 더 이상 없었다. 해방 그 자체였다. 어느새 리타는 인생에는 일만이 아니라 여가도 있다는 것을 깨달았다. 일요일이면 예전 학교 친구를 만나 삶의 기쁨을 만끽하기도 했다.

1년 후 리타는 모피 재단사 일을 그만두었다. 그동안 리타는 한 농인 남자를 알게 되었는데 가까워지기가 무섭게 결혼 이야기가 오고 갔다. 그때 그녀의 나이는 겨우 열아홉이었고 결혼이 무엇인지도 몰랐다. 누구도 결혼이 무엇인지 이야기해 주지 않았다. 아내로서의 의무가 무엇인지 어머니와 목사님에게 물었지만 아무도 대답해 주지 않았다. 다만 가톨릭 신자였던 친구가 한 조언이 있었다. "사랑? 성? 나중에 저절로 알게 돼. 중요한 것은 자신이 좋아해야 하는 거야." 그 친구의 어머니가 한 말씀이라고 했다. 약혼에 대한 의미도 리타에게는 분명치 않았다. 그런데도 리타는 결혼했다. 그녀의 남편은 점잖은 집안의 출신이었고, 부모님이 운영하는 가게의 안정된 일자리도 가지고 있었다. 리타가 결국 결혼을 결정한 이유는 결혼은 자유를 의미하는 것이어서 비로소 자기 의사대로 살 수 있으리라는 소망에서였다.

하지만 현실은 기대와는 거리가 멀었다. 결국 그녀는 또다시 무보수의 가정부나 다름없는 신세가 되었다. 이전과 다른 점이 있다면, 이제는 거처가 시댁이 되었다는 것뿐 못 견딜 일이었다. 그녀는 시어머니의 혹독한 시집살이에 저항하기 시작했고, 남편의 지지를 기대했다. '당신 집안에 들어와 이게 내가 무슨 처량한 신세야. 나도 어엿한 자유인인데 말이야!' 하지만 남편은 시어머니의 역성을 들었다. 주말마저도 그 자유는 허용되지 않았다. 토요일과 일요일에는 목도 보이지 않도록 단단히 여민 고리타분한 블라우스나 원피스를 입고 교회에 가야만 했다.

하지만 가끔 리타의 친정보다 오히려 소통이 수월할 때도 있었다. 리타는 어차피 남편과는 수어로 대화했고, 시부모님과 시누이 넷 모두 남편을 배려해 항상 또렷하게 발음해 주는 것이 익숙해져 있었기 때문이다. 리타에게는 아주 새로운 경험이었다. 하지만 사랑은 어떻게 되는 것인가? 결혼해 살다 보면 저절로 생기는 것이 사랑이라 하지 않았던가? 납득이 가기는커녕 오히려 더 의문이었다. 어쩌면 그 반대가 아니었을까? 사랑 없는 아내의 역할은 애초에 불가능한 것이 아니었을까? 한 가지 분명한 것이 있었다면, 무보수 가사노동에 주일 성수를 하고, 순종적인 아내의 역할을 그들이 기대하는 만큼 더 이상 해낼 자신이 없었다. 결국 1년 후에 이혼 수속을 밟았다. 그 당시 변호사가 했던 말이 지금도 귀에 역력하다. "이 남자는 당신 짝이 아니에요. 남편에게는 당신이 과분해요!"

아픈 경험은 리타를 그만큼 성숙하게 해 주었다. 세인트 갈렌에 돌아온 그녀는 새아버지의 친구가 빌려준 돈으로 월세 단칸방을 얻어 가정부 일로 생계를 꾸려나갔다. 리타는 그토록 힘겹게 싸워 얻은 자유를 자랑스럽게 누렸다. 다른 농인들과 만나 운동을 시작했는데 체조 동호회 회장이 되기도 했다. 농인들 동아리에서 이뤄지는 것들이었다. 너무 오랜 세월 청인 사회에서 살며 그곳에 적응해야만 했지만, 이제는 그녀만의 언어로 대화하며 인생을 즐길 때가 온 것이었다. 드디어 깨닫게 된 것이었다. 극도의 집중력을 동원하지 않고도 대화에 깊이 빠질 수 있다는 것을. 자기와 똑같은 처지인 사람들과 몇 시간이건 대화를 주고받았다. 그녀가 지켜본 청인들이 서로 대화를 나눈 그 모습대로 말이다. 그때만 해도 리타는 혼자 자문하고는 했다. '무슨 수다를 저리들 오래 떨까? 그렇게 할 말이 많을 수 있을까?'

이혼한 지 3년 만에 리타는 재혼했다. 이번에는 행복하고 더 바랄 나위 없는 결혼이 되어야 했다. 난청인 남편을 통해 사랑이 무엇인지 알게 되었다. 둘은 인생과 관심사를 함께 나누고, 서로를 돕고 또 서로에게서 배웠다. 바로 오늘까지. 남편 덕분에 리타는 전처럼 다시 호기심 많고 학구열 많은 사람으로 돌아가 신문을 읽기 시작했는데, 남편이 어휘력이 풍부해 리타가 이해할 수 없는 단어가 생기면 도와줄 수 있었던 것이었다. 리타가 정보에는 아주 미흡했지만, 그녀가 분발해 따라잡고자 하는 의욕은 그만큼 더 컸다. 드디어 리타는 행복을 찾았고, 그 행복감이 커지는 만큼 아이를 갖고자 하는 소망도 커졌다. 첫아이를 임신했을 때 리타의 나이는 이미 서른을 넘긴 이후였다. 형용할 수 없이 기뻤고, 자기도 모르는 사이 농인 아이를 바라고 있었다. 아이가 농인이면 아이의 모국어는 수어가 될 테고 그렇게 되면 소통도 훨씬 수월할 뿐만 아니라 더 깊은 대화도 가능할 테니 말이다. 드디어 아이는 태어났지만, 리타가 바란 것처럼 농인은 아니었다. 하지만 그래도 괜찮았다. 리타는 당시를 회상하며 이렇게 말한다. "아이는 건강했어요. 그럼 된 거죠. 아이에게 두 가지 언어를 가르치고 싶어서 두 가지 언어로 키웠어요."

조용하고 민감한 사내아이였다. 어릴 때부터 부모가 다른 청인 부모와는 다르다는 사실을 감지했고, 낙인찍힌 가족으로 살아가야 하는 사실에 괴로워했다. 아이가 말을 많이 하지는 않았지만, 리타는 심상치 않은 것을 감지했다. 아이가 유치원에 다닐 때 도무지 유치원에서 있었던 일을 이야기하지 않자, 하루는 리타가 유치원을 찾아가 선생님에게 무슨 일이 있었는지 물었다. 선생님이 대답했다. "어머니가 듣지도 못하고 말도 못 한다며 아이가 창피해 합니다." 리타는 어처구니가 없었다. 방금 '듣지도 못하고 말도 못 한다'는 말을 들은 것이 분명한가? 농인 언어 치료 학교를 걸어서 삼 분 거리에 둔 유치원 선생님이 농아 聾啞-소리를 못 듣고 말을 못 하는 사람-▶32란 단어가 무엇을 의미하는지 어떻게 모를 수 있다는 말인가? 농인은 말을 못 하는 사람이 아니다. 리타는 경악했다. 리타는 선생님에게 농아란 개념은 타당치 않고 더 이상 사용되어서는 안 되며, 오늘날에는 농인이라 일컫는다고 설명했다. 리타는 또렷하고 분명하게 음성언어로 "나는 소리를 내서 말할 수 있어요!"라고 말했다. 선생님은 아무 말도 할 수 없었다. 리타는 아들이 눈에 띌 만한 행동을 하는지 되물었다. "수치심이 있어요. 아이들이 놀리거든요. 그 아이들 부모는 들을 수가 있으니까요." 선생님이 해결할 수 없는 문제였던 것이 명백했다. 아이들 사이의 장벽을 허물 방법은 없었던 것이다.

학교에서조차 똑같은 문제가 반복되자, 리타는 선생님을 찾아가 청각장애(농인)에 관해 강의하겠다고 제안했다. 리타는 학생들에게 본인은 농인이지만 소리 내어 말하는 것을 배웠다고 설명했다. 하지만 말소리의 강약을 조절하고 중간에 쉬는 간격을 주고, 필요할 때마다 단어를 강조해 주는 것이 얼마나 힘든지도 설명했다. 모두 경청했다.

리타의 열성에도 불구하고 아들은 엄마가 사람들 앞에서 수어를 하면 부끄러워했다. 리타는 힘에 겨워 어찌해야 할 바를 몰랐다. 수어가 무엇이 잘못이란 말인가? 지금은 그러한 상황이 리타의 아들에게는 더 이상 큰 문제가 되지 않는다. 그래도 수어를 하고 싶지 않은 아들의 마음은 여전하다. 그에 반해 리타의 손자가 손을 사용해 대화하는 것을 보면 귀여워하기까지 한다. 다행히 며느리는 수어에 관심이 있다.

리타의 둘째 딸도 청인이지만 아들과는 반대였다. 유치원 다닐 때부터 아이들이 "너희 엄마는 벙어리래요. 벙어리래요." 하며 놀리면 야멸차게 어머니 편을 들며 방어했다. "우리 엄마는 벙어리 아냐. 우리 엄마가 최고야!" 하며 저항했다. 둘째 딸은 수어를 거부하지는 않았지만 그렇다고 수어를 열심히 하지도 않았다. 어머니가 음성으로 이야기하거나, 손으로 이야기하거나 상관없이 이해할 수 있었지만, 대답은 항상 음성언어로 했다. 그녀는 성인이 되어서야 수어를 받아들이고 배우기 시작했다. "두 가지 언어를 배울 수 있는 절호의 기회를 아깝게도 놓쳐 버렸네!" 둘째 딸은 그런 자신을 속상해하기까지 했다. 자신의 자녀들이 할머니와 음성언어, 수어 모두 자유자재로 소통할 수 있는 것을 부러워하며 어머니에게 가끔씩 아이들과 '수어 교실' 놀이를 해달라 청하기도 했다.

리타는 아들과 소통도 딸과는 아주 달랐다. 아들과는 가족과 직업에 대해서 아주 건조하게 대화했지만, 딸과는 수어로 대화해서인지 좀 더 친밀하고 깊었다(이것은 어디까지나 리타의 의견이지 아들은 또 다른 견해다). 리타에게 그런 물 흐르는 듯한 진솔한 소통은 음성언어로는 불가능하기 때문이다. 수어 사용이 불가능한 상황에서는 다소 탁구 경기처럼 질문하고 답변하는 식의 형식적으로 주고받는 잡담 정도가 고작이다. 그리고 대부분의 경우 이런 대화에서는 리타가 대화를 주도해야 하는 부담을 갖는다. 게다가 질문의 화제도 사라지면 대화는 이내 끊기고 마는 것이다. 그녀에게 있어서 자연스럽고 진정한 소통은 수어로만 가능하다. 그런 이유로 리타는 남편과 언어적 방법이라면 무엇이든 가리지 않고 총동원해서 소통했다. 이때 동원되는 언어의 형태들은 따로따로 분리하기가 불가능하기 때문이었다.

어느새 리타는 수어의 달인이 되었다. 여러 해 동안 열심히 청인과 농인을 대상으로 수업했다. 언어라는 것을 취학 전까지는 접해 보지도 못하고, 수어는 학교 쉬는 시간 운동장에서 그나마 눈동냥으로 배운 것을 사람들이 고쳐준 것이 다였는데도 말이다. 그때부터 습득한 자연스러운 언어, 그녀가 완전히 이해할 수 있는 언어가 하나 있다. 그래서 리타는 수어를 멋진 모국어라 부르며 아주 자랑스러워했다. 수어에 관한 전문지식은 훗날 취리히의 특수교육학부(현재 특수교육대학)에서 3년간의 수어 교사 교육과정을 통해 취득했다.

현재는 디마 언어협회에서 농인 이민자들에게 수업하고 있다. 여러 면에서 열악한 상황에 있는 이민자들과 함께하면서 주고받는 과정을 체험하고 있다. 이들은 음성언어로의 통로도, 스위스 농인 사회로의 통로도, 수어로의 통로와도 단절되어 있다. 이들의 어려운 생활 형편을 리타보다 더 잘 이해할 수 있는 사람이 있을까? 과거 자신의 처지와 매우 흡사하기 때문이다.

이미 리타는 자신의 부모를 용서했고, 그토록 어려웠던 그 옛날의 이야기를 이제는 웃으며 할 수 있다. 그녀는 자신의 인생과 의무가 더할 나위 없이 만족스럽고, 다방면에 관심사도 많은 데다가 훌

률한 가족까지 선물로 받았다. 특별히 할머니 역할이 그리 좋을 수가 없다. 손주들과 노는 것도 즐겁고 그저 마음 가는 대로 동화를 들려주는 것도 재밌다. 손주들과는 입으로만 아니라 손으로도 소통이 가능하기 때문이다.

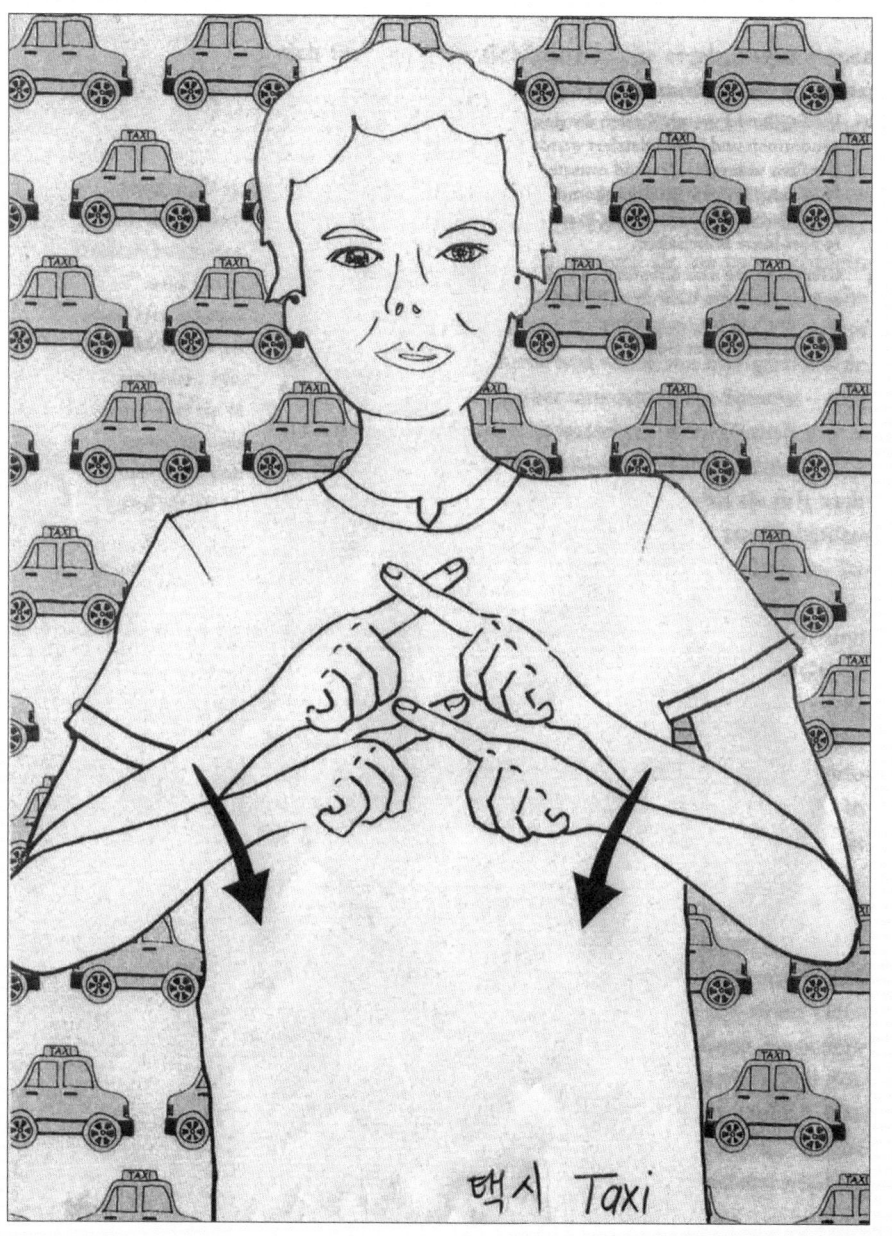

농인, 소리를 못 듣는 사람, 난청인, 그 개념정의

'농인'이라는 개념은 보는 시각에 따라 다르게 정의된다. 의학적으로 보자면, '농 聾'이란 단어로 대신할 수 있으며, 90데시벨 이상의 소리만 들을 수 있을 정도의 고도의 청각장애를 의미한다. 다시 말해, 이런 경우의 청력손실을 가진 사람들은 거대한 대형 화물트럭이나 공기압축기가 내는 소리를 겨우 들을 수 있다. 하지만 농인 사회 관점에서 보자면 농인은 청력손실의 정도를 일컫기보다는 그들이 속한 고유의 문화와 언어 집단을 일컫는 개념이 된다. 그뿐만 아니라 사회적인 의미도 갖게 된다. 농인은 음성언어보다는 수어를 주로 사용하고, 세계적으로 수없이 다양한 수어가 있음에도 불구하고 국적을 뛰어넘어 소통할 수 있는 사회를 일컫는다. 대략 스위스에 팔천 명, 독일에 팔만 명, 오스트리아에 만 명의 농인이 살고 있다–정확한 통계는 없다. 시각에 강하게 의존한다는 이유로 농인의 의사소통 방법과 전통은 청인 사회의 의사소통 방법과는 큰 차이가 있다. 미국의 작가이자 심리학자인 앤드류 솔로몬 Andrew Solomon은 그의 저서 '부모와 다른 아이들 Far from the Tree'에서 이렇게 언급한다. '청인으로 이루어진 다수 사회는 일반적으로 농아동을 청력이 '결핍된' 아동으로 간주하지만, 농인

사회에서는 농아동을 뛰어난 문화집단의 회원 자격을 '소유한' 아동으로 본다.'❶

'소리를 못 듣는 사람'이라는 개념은 '농인'의 손상된 청력을 암시하는 점에서는 동일하나 특정한 문화나 언어 집단에 소속되는 의미는 전혀 없다. '난청인'은 그에 반해 소리에 의존해서 소통한다. 즉, 이들은 음성언어를 사용하고, 청인 사회 문화권에서 생활한다.

청각 전문가들은 청력손실을 다음과 같이 다양한 등급으로 나눠 정의한다. '청력은 소리의 크기에 따라 데시벨로 측정된다. 청력 검사기❷에는 보통 5데시벨 단위로 표시된다. 사람이 들을 수 있는 최저의 소리부터 곡선으로 표현한다. 청력도 곡선은 보통 일반 청인들에게도 주파수에 따라 아주 다양하게 나타난다. (…)

- 정상 청력   (0~20데시벨)
- 경도 난청   (20~40데시벨)
- 경중도 난청   (40~55데시벨)
- 중도 난청   (55~70데시벨)
- 고도 난청   (70~90데시벨)
- 심도 난청   (90데시벨 이상)

한 사람의 청력은 소리의 높낮이에 따라 아주 다양하게 나타난다.'❸

---

❶ Andrew Solomon, *Far from the Tree*, New York 2012, 100쪽

❷ 청력을 측정하는 검사기계

❸ www.hearcom.eu>Hörratgeber>Glossar>Hörverlustgrade (2014년 3월 28일). 청력도는 인용 자료에 따라 결과가 다양하다.

데시벨 치수를 일상생활에서 들을 수 있는 소리로 나타내 보면 다음과 같은 소음표 기준표[4]가 나온다.

- 0~10데시벨   거의 들을 수 없는 소리 (나뭇잎이 흔들리는 소리)
- 20데시벨   아주 경미한 소리 (시곗바늘 소리)
- 30데시벨   속삭이는 소리 (가랑비 소리)
- 40데시벨   미세한 소리 (거실에서 들리는 소리)
- 50데시벨   나지막한 소리 (일반적인 대화 소리)
- 60데시벨   보통 소리 (사무실 소음)
- 70데시벨   큰소리 (1미터 간격을 두고 하는 대화의 음량, 일반적인 거리 교통)
- 80데시벨   큰소리 (시끄러운 음악)
- 90데시벨   아주 큰소리 (시끄러운 공장 작업실, 대형 화물트럭)
- 100데시벨   견디기 힘들 정도로 큰소리 (공기 압축기 Presshammer)
- 110데시벨   견디기 힘든 소음 (디스코텍, 팝 콘서트, 보일러 수선 소리)
- 120데시벨   견디기 힘든 소음 (50미터 전방의 제트기 소리)
- 130데시벨   귀에 통증을 유발하는 소음

[4] 비엔나 환경보호과의 소음 기준표, MA22, 비엔나 시 관청, www.medizinpopulaer.at/fileadmin/PDFs/047, Lärmtabelle.pdf (2014년 3월 28일)

윌리 마터
UELI MATTER

1967년생

윌리 마터는 여행이 취미다. 낯선 대륙을 찾아 종횡무진 하는가 하면, 18년째 개인택시를 운전하며 베른 Bern의 거리를 누비고 있다. 4년간의 자동차 정비 기사 교육을 마쳤기 때문에 자동차라면 환하다. 절대 만만치 않은 이 직업교육을 받기 위해서는 충분한 학교 교육이 전제되기 때문에, 현재 뮌헨부흐제 Münchenbuchsee에 위치한 언어청각장애 특수학교의 전신인 언어치료학교에서 11년간 공부했다. 다섯 살 때부터 유치원 기숙사에 보내진 윌리를 아버지 마니 마터 Mani Matter가 베른(집)에서 뮌헨부흐제(학교)까지 자동차로 데려오고 데려다주었다. 그게 일찍 돌아가신 아버지에 대한 몇 안 되는 기억 중 하나이다.

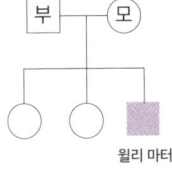

* 남자 □, 여자 ○
  농인 ▬, 청인 ▬

윌리 마터는 일명 세계 일주 탐험가다. 얼마 전 남미 전역을 횡단하고 돌아왔다. 짐가방을 풀고 거센 속도로 세탁기를 돌린다. 그가 찍어온 수천 장의 사진을 검토해서 정리하고 처리해야 한다. 두 달 전 그는 리오 드 자네로 Rio de Janeiro로 날아가 시내 관광을 하고 다시 부에노스 아이레스 Buenos Aires를 향해 비행기를 탔다. 그는 거기서 미래의 '보금자리'를 가져왔다. 다름 아니라 캠핑 칸이 얹어있는 포드 레인저 픽업 Ford Ranger Pickup 한 대를 빌린 것이다. 일부 도로 사정이 몹시 나쁜 지역을 고려해 선택한 사륜구동의 흠잡을 데 없는 캠핑카다. 이제 겨우 5,500킬로미터를 달린 새것이나 다름없는 이 캠핑카를 타고 누비며 달리다 보면 녹슨 고물차들 사이에서는 유난히 눈에 띄기 때문에 윌리 마터는 때때로 슬며시 낯이 뜨거워진 것도 사실이다. 하지만 잡음도 없고 유연하게 굴러가는 것이 승용차처럼 승차감이 아주 좋다.

자동차 없는 세상은 윌리는 상상도 할 수 없다. 그는 아주 어릴 때부터 지치는 줄 모르고 레고 블록을 쌓아 다양한 자동차를 만들었다. 그는 무엇이든지 바퀴를 달았는데 불가능한 것이 없었다. 오늘날처럼 이미 완성된 조립부품이 없었기 때문에 그때만 해도 작은 모터들을 직접 만들어내야 했다. 레고 블록이 그만큼 많아야만 가능한 일이었다. 윌리는 항상 혼자 놀았다. 그 순간에는 세상을 잊어버렸다. 누구와도 이야기할 필요 없는 것이 너무 즐거웠다. 그에게 말하기란 힘이 드는 의무였기 때문이다.

그는 태어날 때부터, 엄밀히 말하면 3개월 일찍 태어난 이유로 고도 난청이 되었다. 삼 남매 중 막내고 누나 둘과는 두세 살 터울이다. 그는 너무 늦게 말을 배웠기 때문에 누나들의 대화에는 도저히 낄 수가 없었다. 다섯 살 때도 단어 하나씩밖에 구사를 못 했다. 엄마, 아빠, 자동차, 기차. 그가 학교에서 있었던 일들을 집에 와서 이야기할 수 있기까지는 그 후로도 몇 년이 더 걸렸다. 그 대신 윌리는 자기 생각과 경험을 설명할 아주 특별한 자신만의 방법을 개발해냈다. 다름 아닌 그림이었다. 그는 항상 그림을 그렸고 소질도 있었다. 열두 살 때 뮌헨부흐제 시에서 주최한 1980년 기념 달력 표제지 응모전에서 표창 받았다. 하지만 부족한 소통의 수단을 그림으로 다 대신할 수는 없었다. 그는 자주 외롭고 소외감을 느꼈다. 특히 혼자 자기 방에서 잠을 청할 때면 더했다. 반면에 두 누나들은 이층 침대 위아래로 누워서도 도란도란 이야기를 나눌 수 있었다.

월리의 청각장애는 그가 생후 8개월 때 발견되었다. 가능한 한 빨리 언어 습득을 할 수 있도록 즉시 재활 프로그램으로 연결되었다. 하지만 고도의 청각장애 아동에게 언어 습득이란, 최고의 환경에서조차 아주 힘겹고 기나긴 과정을 의미한다. 윌리 마터는 거울 앞에서 입의 움직임과 혀 위치를 조절하면서 연습했던 어린 시절을 지금도 생생하게 기억한다. 보청기를 착용하면 조금은 들을 수 있었기에 천만다행으로 언어를 배우는 데 도움이 되었지만, 가끔 보청기를 빼고 정적을 즐기기도 한다고 그는 고백한다.

월리 마터는 캠핑카 안에서는 보청기를 사용하지 않는다. 정적은 자신의 작은 왕국에서 보호와 독립감을 더욱더 만끽하게 해주기 때문이다. 출발지는 부에노스 아이레스. 먼저 여러 섬으로 이루어진 삼각주 델타 리오 파라나 Delta des Río Paraná로 향한 다음, 거기서 다시 우루과이 Uruguay의 몬테비데오 Montevideo로 달렸다. 그곳은 윌리가 올드타이머(역자 주: 출시된 지 적어도 30년 이상 된 자동차나 오토바이 모델) 자동차들을 황홀하게 감상할 수 있는 곳이기도 하다. 여행은 엘 팔마 티 Palma 국립공원으로 계속되었다. 그 이름이 암시하듯, 한마디로 야자수 천국인 이곳은 야타이 Yatay-야자수를 보호하기 위해 1966년에 조성된 공원이다. 그 이름도 훌륭한 메르세데스 Mercedes와 푸에르토 이구아주 Puerto Iguazú의 수많은 폭포를 지나 세계에서 가장 큰 수력발전소가 있는 야시레타 Yacyretá의 댐을 찾아갔다. 아르헨티나의 북서쪽에 위치한 살타 Salta에 당도해서야 비로소 그가 탄 캠핑카는 잠시 그 여정을 멈췄다. 캠핑카가 벌써 만 킬로미터를 기록하고 종합 점검을 받아야 했기 때문이었다. 정작 본인이 자동차 정비사였지만, 자신이 자신의 자동차를 점검하는 것은 허락되지 않기에 점검 서비스를 받기 위해 줄을 서 차례를 기다렸다.

윌리 마터가 자동차 정비사 교육을 마치기까지는 기나긴 여정이 필요했다. 그 첫 시작은 베른 주의 뮌헨부허제에 있는 언어치료학교 부속 유치원이었다. 윌리는 다섯 살 때부터 이곳에서 기숙사 생활을 했다. 스위스의 작사 작곡자인 그의 아버지 마니 마터는 윌리를 기숙사에 데려다주고 토요일이면 집으로 데려왔다. 그것이 일찍 돌아가신 아버지에 대한 몇 안 되는 기억 중 하나이다. 5학년이 되어서야 윌리는 통학한다. 처음에는 다시 집으로 돌아온 것이 너무 행복하기는 했지만, 등하굣길이 너무 힘든 나머지 8학년부터 다시 기숙사로 돌아오게 되었다. 기숙사 생활을 하면서 친구들과도 훨씬 더 많은 시간을 가질 수 있었다.

11년 동안 그는 뮌헨부허제에서 학교에 다녔다. 그중 9학년까지는 청각장애 학생반에서의 의무교육 기간이었고, 나머지 2년은 말하기 쓰기에 어려움이 있는 청인 학생들의 언어치료 반에서 더 공부했다. 직업교육 자격을 얻기 위한 과정이었다.

그가 어느 분야에서 직업교육을 받을지는 늘 분명했다. 그것은 기계를 다루는 일이어야 했다. 정비사가 되는 것은 당연했지만, 농경 기계 아니면 자동차를 결정하는 데에는 고민이 좀 있었다. 결국 그는 두 분야를 충분히 탐색 비교하고 나서 농경 기계 정비사 교육 자리를 결정하지만, 불과 2주 만에, 거기서는 자신이 만족하지 못할 거라는 결론을 내렸다. 천만다행으로 교육 계약서를 제때 취소할 수 있었다. 그렇게 해서 그는 다시 일자리를 찾기 시작했다. 편견과 거절을 수없이 경험해야 했던 고된 기간이었다. "난청이요? 죄송합니다만, 저희와는 좀 힘들 것 같은데요!" 한두 번 들은 이야기가 아니었다. 게다가 폭스바겐 Volkswagen 정비소 AMAG 입학시험에 불합격했다는 통보를 받았을 때 그는 말할 수 없는 충격을 받았다. 그도 그럴 것이 폭스바겐은 뛰어난 명성을 가진 회사였고, 그가 간절히 일하고 싶은 곳이기 때문이었다. 하지만 그는 마침내 그의 집에서 가까운 아주 괜찮은 정비소에서 인턴 자리를 얻게 됐다. 어머니의 지인이자 이 정비소의 고객이었던 사람이 어머니에게 이 정비소에 연락해 윌리가 며칠이나마 견습할 만한 자리가 있는지 여부를 문의하라고 귀띔을 했던 것이다. 곧 실행에 옮겨졌고 보람이 있었다. 윌리는 기회를 얻었고, 열심히 일을 한 덕분에 일주일 만에 취직했다. 정비소에서의 실습 교육에 병행해서 일주일에 이틀은 취리히 외어리콘 Oerlikon에 있는 청각장애인들을 위한 직업학교에 다녔다. 하루 꼬박 교양과목과 정비 기초과목을 배웠고, 또 하루는 반나절 동안 다른 학생 하나와 단둘이 한 선생님에게서 신비로운 자동차 모터에 관한 개론을 이론과 실기로 배웠다. 이렇게 해서 4년간의 교육을 마치고 스물한 살의 나이에 자동차 정비사 자격증을 땄다. 그 교육 기간 동안에는 부모님과 절친한 친구이었던 코미디언이자 작가인 프란츠 홀러 Franz Hohler 집에서 지낼 수 있었다. 그는 자기 가족과 윌리의 학교가 있는 외어리콘에서 살고 있었기 때문이다.

웬만한 수리 정도는 윌리가 직접 할 수도 있었겠지만 필요가 없었다. 그의 캠핑카는 2만 킬로미터를 뛰었는데도 잔 고장 한 번 나지 않았던 것이다 그에 반해 10년 전 그의 첫 여행이었던 북아메리카 서해안을 따라 알래스카를 거쳐 캐나다로 향했던 5개월간의 첫 여행길은 그렇게 순조롭지만은 않았다. 그때는 캠핑이 가능한 편안한 밴 한 대를 렌트 했었는데, 너무 따뜻한 것이 흠이었다. 카로세리가 돌멩이에 맞고는 오일 공급이 중단되자 압축기는 오일 없이 작동되었고 급기야는 파열되는 바람에 에어컨이 폭발했다. 하는 수없이 윌리는 뙤약볕에도 불구하고 창문을 활짝 열고 달려야 했다. 하지만 이 작은 사건을 제외하면 그 첫 여행은 특별한 경험임에는 분명했다.

남미 아르헨티나의 살타에 있는 기차 노선인 트렌 아 라스 누베스 Tren a las Nubes는 이름 그대로 승객들을 구름 nubes까지 안내하는 여행 코스로 고도 사천 미터 이상까지 올라간다. 300년 묵은 칸데라버 Kandelaber 선인장이 있는 로스 카르도네스 국립공원 Parque Nacional Los Cardones, 황홀하게 아름다운 카치 Cachi 마을을 지나 우마우아카 Humahuaca 협곡, 그리고 거기서 얼마 가지 않으면 케로 드 로스 시테 콜로레스 Cerro des los Siete Colores, 그 이름 그대로 일곱 가지 색의 언덕이 있다. 그러고 나서 라 키아카 La Quiaca에 이르면 벌써 볼리비아 국경까지 온 셈이다. 소금호수가 절경인 살리나스 그란데스 Salinas Grandes라는 소금 평지를 지나, 마지막으로 산 미겔 데 투쿠만 San Miguel de Tucumán으로 향한다. 바로 이 도시에는 1816년 아르헨티나가 스페인으로부터 독립 서약을 맺은 역사적인 독립기념관인 카싸 인디펜씨아 Casa Independencia가 있다.

독립-윌리 마터에게 아주 잘 어울리는 단어이다. 청각장애인으로서 그는 자주 청인 사회에 홀로 서 있게 된다. 그는 말하기를, "청인 사회와 농인 사회는 근본적으로 달라요. 심지어는, 유머의 의미도 다를 뿐 아니라 위트도 전혀 다르게 이해하는걸요."

윌리는 자신이 어느 사회에도 속하지 않는다는 사실과 늘 싸워야 했다. 뮌헨부흐제 언어치료학교의 청각장애인 학급에서조차 그는 종종 주변에서 겉도는 느낌을 받았다. 수업 시간에 발표하는 일도 드물었고, 쉬는 시간이나 여가에는 차라리 언어치료 학급 청인 아동들 틈에 어울렸다. 청인들과의 소통이 청각장애 학생들과의 소통보다 훨씬 편하고 쉬웠다.

토요일 오후면 '보이 스카우트' 모임을 나갔는데 왜 그런지 모르게 늘 불편했다. 소통이 어려울 뿐 아니라, 자신이 그곳에 어울리지 않는다는 느낌을 받았다. 그런데도 그는 3년을 거기서 버텨냈다. 지긋지긋한 나머지 탈퇴해 버릴 때까지 말이다.

윌리는 야외에서 잠을 자며, 모닥불에서 요리했던 보이 스카우트의 삶을 여행에서 가끔은 떠올렸을까? 그렇다. 사실 캠핑카로 하는 여행은 그렇게 원시적이지만은 않았지만, 이따금씩은 그 시절의 야영을 떠올리고는 했다. 그의 캠핑카는 주방 시설이 잘 되어 있어서 그는 항상 직접 요리했다.

그것이 익숙하다. 그는 그렇게 베른 시내에서 멀지 않은 아름다운 아파트에서 혼자 산다. 윌리가 입주해 들어오기 전까지 그의 누나가 12년을 살았는데, 그 집이 비자 누나가 윌리를 위해 신청해서 보조금을 받고 입주한 것이었다. 그렇게 해서 두 남매는 꼬박 2년을 그렇게 옆집에서 나란히 살게 되었다. 서로 자주 만날 수 있었기에 아주 행복한 시간이었다. 그러고는 각자의 길을 갔다. 누나는 자기 아파트를 사서 들어가고, 윌리는 그때 그의 기나긴 첫 여행을 시작했다.

윌리는 미구엘 드 투크만 Miguel de Tucumán에서 칠레시토

Chilecito로 향했다. 20세기 초 35킬로미터를 자랑하는 기나긴 케이블카가 운송수단으로 만들어진 곳이다. 총 여덟 칸으로 이뤄져 있으며, 경사는 45도까지, 높이는 3,528미터에 달하고 벌써 20년째 운행 중이다. 그다음 행선지는 자연보호구역인 이취구알라스토 Ischigualasto 국립공원. 발레 드 라 루나 Valle de la Luna 혹은 달의 계곡으로도 불린다. 순례 성지인 디푼타 꼬레아 Difunta Correa를 경유하여 코르도바 Córdoba란 도시로 향했다. 이곳에는 유네스코가 선정한 세계문화유산에 속하는 주택들이 늘어선 만자나 드 로스 예주이타스 Manzana de los Jesuitas와 여전히 존속하고 있는 최고령의 교회 건물 그리고 아르헨티나 초대 대학이 있는 곳이기도 하다.

고도의 청각장애를 가진 사람이 대학 졸업장을 취득하는 경우는 극소수에 불과하다. 음성언어를 하나의 외국어처럼 배워야 하므로 일반적으로 음성언어는 물론 문자언어 모두 습득하는 데에는 그 한계가 있다. 언어와 교육은 떼려야 뗄 수 없는 관계로 언어에 장애가 있으면 자연히 교육의 기회도 적어질 수밖에 없다. 윌리 마터는 "물리와 화학 과목은 항상 수어를 병행해 수업이 이뤄져야 해요. 그러지 않고서는 수업이 불가능하거든요."라고 주장한다. 그 당시만 해도 스위스에서는 청각장애인 학교에서 수어가 금지되었기 때문에 윌리 마터는 수어 없이 공부할 수밖에 없었다. 수업 중에 수어를 사용하는 학생은 체벌을 받았다. 쉬는 시간이나 여가에만 조금씩 습득한 수어를 집에서 윌리는 어머니와 누나들에게 가르쳐 주었다. 지금은 가족들과는 음성언어만 사용한다. 그에게는 음성언어가 수어보다 더 친근하다. 자신의 택시를 타는 손님, 일상생활 그리고 지금처럼 인터뷰에서는 음성언어가 필요하기 때문이다. 하지만 그가 농인과 대화해야 할 때면 당연히 수어를 사용한다. 그는 "게다가 극장에서는 수어가 더 편하거든요. 옆 사람을 방해하지 않고도 서로 대화를 할 수 있으니까요."라고 이야기한다. 너무 편리하지만, 윌리가 수어를 사용할 기회는 드물다. 그의 친구들은 대부분이 청인이기 때문이다. 더욱이 그는 "제가 사람을 사귈 때는 그 사람 됨됨이가 중요하지, 그가 듣는지 못 듣는지는 중요하지 않거든요."라고 말했다. 그는 이제 더 이상 농인 모임에 소속되어 있지 않다. 베른의 농인 스포츠클럽을 탈퇴한 지도 이미 10년이 지났다. 그가 세계 일주를 시작한 바로 그때부터.

여행은 계속되었고, 이윽고 네우쿠엔 Neuquén 지방의 공룡 협곡을 관통했다. 선사시대를 누렸던 거인들의 발자국이 이제는 딱딱한 돌로 변해있다. 일부 아주 험한 길을 달려가면 호수와 산이 장관을 이루는 그 유명한 루타 드 로스 시테 라고스 Ruta de los Siete Lagos를 지나, 라닌 Lanín 국립공원이 있고, 칠레와의 국경에 위치한 작은 도시 로스 안티구오스로 Los Antiguos까지 당도했다. 그런 험한 자갈길에는 윌리의 캠핑카가 사륜구동인 것이 얼마나 다행인지 모른다. 자신의 택시로는 어림도 없었을 것이다.

윌리가 개인택시 영업을 한 지도 벌써 18년째다. 직업교육 직후 대형 화물차 정비사로 3개월, 베른의 한마을에 소속된 자동차 정비사로 4년, 베른의 한 택시회사 사원으로 3년을 일했다. 이 기간에 그는 베른의 실업학교에서 자동차 고장진단분석 기사 교육을 시작했다. 이 직업은 자동차 문제를 진단하고, 고장 수리를 제시하고, 정비소 업무를 할당하고 분담하는 것이 주요 업무이다. 전자공학과 전산학도 이해해야 하는 분야이기 때문에 차고의 '사례관리(케이스 경영)'라 불리기도 한다. 하지만 윌리는 그의 마음에 꼭 들었던 이 교육을 6개월 후에 포기해야 했다. 어려운 공부와 씨름하느라 귀한 저녁 시간과 주말을 희생하고 싶지 않았던 것이다. 자격시험을 통과하지 않고는 그 분야에서 일자리를 얻을 수 없다는 것은 분명했다. 하지만 어느 누가 청각장애인을 자동차 고장진단분석 기사로 고용해 줄지는 분명치 않았다. 차라리 시작을 말겠다. 애석한 일이기는 하지만 말이다.

1995년 윌리는 개인사업을 시작했다. 택시 한 대를 구입해서 개인택시 운수업에 종사하고 있다. 차를 몰고, 고객을 상대하고, 기다리고, 거기에 경리업무까지 다채로운 직업이다. 천만다행히 그는 거리낌 없이 음성언어를 사용한다. 매번 승객을 맞이할 때마다 그는 "저는 난청이에요."라고 설명한다. 그러고는 고객이 원하는 행선지 주소를 받아 내비게이션에 입력한다. 그 정도는 그의 귀로도 이해가 가능하다. 그러고는 출발. 물론 그가 손님이 이야기한 주소를 잘못 이해해 엉뚱한 곳으로 간 적도 있다. 윌리는 손님에게 왜 다른 방향으로 가는 것을 알아차렸는데도 미리 언질을 주지 않았냐 물었는데, 승객도 초행이라 몰랐다고 대답했던 것으로 회상한다.

상관없다. 윌리 마터는 미터기를 끄고 다시 차를 돌려 길을 찾아갔다. 베른은 부에노스 아이레스가 아니다. 그때부터 그는 행선지 주소를 받을 때마다 자신이 제대로 이해했는지를 꼭 다시 확인한다.

여행 중에도 윌리는 사람들과 소통해야 한다. 장을 볼 때나, 박물관에서나, 시내 관광을 할 때나 관계없이 말이다. 정작 본인은 학교에서 배운 외국어를 까맣게 잊은 지 오래라며 하소연하지만, 사실 그의 외국어는 그만하면 제법이다. 영어는 그나마 기억나는 표현이 몇 개 있어서 손과 표정을 동원하면 웬만한 의사소통은 가능한 것이다.

윌리 마터가 처음으로 외국어 수업을 받은 것은 열다섯 살 때였다. 청인 언어치료 반에서 8학년과 9학년 과정을 되풀이할 때였다. 그때 필수과목으로 프랑스어를, 선택과목으로 영어를 2년 동안 배웠다. 실업학교에서는 이 과목들을 3학년과 4학년 과정에서 배웠고, 추가로 스페인어를 1년간 더 배웠다. 외국어 수업이 재미는 있었지만, 아주 힘겹기도 했다. 고도의 청력손실이 있는 청각장애인에게는 너무나 당연한 어려움이었다.

그사이 윌리 마터는 거대한 빙하가 있는 아르헨티나 남부 로스 글라시아레스 Los Glaciares 국립공원에 도착했다. 그러고는 칠레 서부에 위치한 토레스 델 파이네 Torres del Paine 국립공원 내 빙하인 글라시어 그레이 Glaciar Grey도 들렀다. 입을 다물 수 없는 경이로운 자연 앞에서 그는 수도 없이 많은 사진을 찍었다.

윌리 마터는 다른 청각장애인에서 흔히 보는 것처럼 사진 찍기에 열정을 아끼지 않는다. 그도 그럴 수밖에 없는 것이, 그들은 아주 특별한 관찰력을 타고났기 때문이다. 이들은 시각뿐만 아니라 촉각으로도 그들의 부족한 청력을 보완한다. 예를 들자면, 그들은 음악을 주로 리듬과 진동으로 인지한다. 이 리듬과 진동이 없이 기타 반주로 들려지는 노래는 이들에게는 음악이 아니다. 다시 말해 윌리 마터는 자신의 아버지 마니 마터가 만든 훌륭한 샹송이 라디오에서 흘러나온다면 그의 청력으로는 절대로 들을 수가 없다. 그 노래를 부를 수도 없다. 하지만 그 가사를 읽을 때면 그는 감동한다. '가사가 아주 특별해요.', '몇 안 되는 단어로 얼마나 많은 뜻을 함축하고 있는지.' 그는 자신의 아버지를 무척이나 자랑스러워한다. 그런 아버지를 너무 일찍 잃은 것이 애석할 뿐이다. 그가 겨우 다섯 살 때였다. 그래서 아버지에 대한 기억이 아주 드물지만, 아버지가 윌리에게 목말을 태워줬던 신나는 추억은 지금도 생생하다. 게다가 이미 앞서 언급한 것처럼, 아버지는 윌리를 토요일마다 유치원으로 마중 나갔다. 절대 잊을 수 없는 어느 토요일, 대가족 용 자동차를 몰고 오는 아버지 대신 부모님의 친구분이 운전하고, 어머니는 그 옆 조수석에 앉아 있었다. 아버지는 어디 계시는 것일까? 차에 올라타는 어린 윌리는 무엇인가 심상치 않음을 직감했다. 무거운 정적이 지배했다. 그때만 해도 그는 말을 할 수가 없었던 것이다. 물어볼 수도 없던 것이 그때만 해도 그는 말을 할 수가 없었다. 음성언어만 할 줄 아는 어머니가 어떻게 윌리에게 일어난 사건을 설명할 수 있다는 말인가. 어머니가 윌리의 장난감 자동차를 가지고 상황을 재현하고 나서야 그는 알 수 있었다. 자동차 두 대가 충돌해서, 망가졌구나. 윌리는 수도 없이 반복해서 자동차 사고를 그림으로 그렸지만, 아버지가 다시는 돌아올 수 없다는 사실은 그 후로도 오랫동안 이해할 수가 없었다.

못 듣는 것, 못 알아듣는 것, 사고, 이 모든 내용이 그의 아버지 마니 마터의 샹송 '알프스 비행'[1] 가사에 나타나 있다.

> 친구 둘이서 알프스 비행을 떠났네그려.
> 경기용 비행기를 타고 말이야.
> 우뚝 선 정상 위로 높이 솟았다가
> 빙하를 따라 수욱 내려와 날았지.
>
> 한 친구는 뒤에
> 한 친구는 앞에서 조종대를 잡고 앉았는데
> 갑자기 모터가
> 부릉부릉 퉁퉁퉁퉁.
>
> 뒤에 앉은 친구가 한다는 말:
> 이보게, 기름이 다 되어가는 모양이야, 착륙해야겠는걸!

---

[1] 마니 마터 Mani Matter, *Warum syt dir so truurig?*, 취리히 1973년, 41쪽

앞에 앉은 조종사가 한다는 말이, 뭐? 뭐라고?
야, 안 들려.

이젠 뒤에 앉은 친구가 한다는 말: 뭐? 뭐라고?
당장 착륙하라니까!
앞에 앉은 친구가 말하길. 더 크게 얘기 좀 해 봐.
소음 때문에 한 마디도 안 들려.

뒤에 앉은 친구: 안 들려.
왜 내가 하라는 대로 안 해? 싫다 이거야?

앞에 앉은 친구가 악을 악을 쓰며: 안 들린다고.
더 크게 좀 말하라니까!

뭐? 뭐라고? 야!
기름이 다 떨어졌어. 비행을 계속할 수가 없다니까!

잘 들어, 소음 땜에
하나도 안 들린다니까?

뒤에서 하는 말: 망할 놈,
곧이듣질 않네. 다른 수가 없다니까!

앞에서 하는 말: 왜 화를 내고 그래?
더 크게 말하라니까, 빌어먹을!

야, 지금 착륙 안 함 우리는
계곡으로 추락한다고!

안 들린다니까 진짜,
왜 그렇게 말귀를 못 알아듣지?

조종사는, 모터 잡음 때문에
연료가 떨어져
즉시 착륙해야 한다는 소리를
못 듣고 있을 그 찰나,
갑자기 쥐 죽은 듯 조용해지네그려.
기름이 다 떨어진 게야…
그제야 상황을 이해할 법한 그 순간에
그들은 더 이상 아무 말도 하지 않았네그려.

윌리 마터는 남미 대륙에서 빙하가 주는 장관에 넋을 잃다가, 캠핑카가 2만 킬로를 뛰는 바람에 우슈아이아 Ushuaia로 향했다. 캠핑카가 정비소에 있는 동안, 그는 대서양과 태평양을 연결하는 유일한 천연 수로인 비에글 Beagle 운하를 관광객들 틈에 끼어 구경했다. 유람선을 타다가 펭귄도 볼 수 있었다. 식물이 화석화된 곳으로 유명한 푸에르토 산타 크루즈 Puerto Santa Cruz와 자말리오 Jaramillo를 지나 푸에르토 마드린 Puerto Madryn을 거쳐 한반도인 발데스 Valdés로 간다. 유람선을 타면 펭귄과 고래 그리고 코끼리물범을 볼 수 있다. 호텔에 와이파이가 허락되면 그가 여행에서 받은 깊은 인상과 감명을 때때로 집에 있는 어머니와 지인들에게 전하기도 했다.

윌리와 어머니는 아주 각별한 사이다. 그는 매주 한 번꼴로 어머니를 찾아뵌다. 더 훌륭한 어머니를 그는 상상도 할 수 없다. 세상 최고의 어머니라고 그는 찬사를 아끼지 않는다. 아들을 위해서라면 무엇이든 서슴지 않았고, 그가 선택한 길은 지원을 아끼지 않았다. 본인은 정작 교사로, 정치가로 집안일까지 하느라 늘 시간에 쫓겼을 텐데 말이다. 아들이 수많은 편견과 싸우는 것을 지켜보는 일이 때로는 힘겨웠다. 윌리가 청각장애인이라는 이유 하나만으로 견습 자리 하나 얻기 위해서 수많은 거절을 경험해야 한 상황에서는 어머니도 정말 속이 상했다.

두 누나와도 가깝지만, 큰누나와는 사이가 더 각별하다. 다행히 어머니와 두 자매 모두 다 베른에 산다.

이제 서서히 북쪽으로 향했다. 아르헨티나에서 가장 크고 가장 유명한 해수욕장인 마 델 플라타 Mardel Plata를 거쳐, 무려 50대가 넘는 경주용 자동차가 구형, 신형을 가리지 않고 전시된 팡기오 Fangio 박물관도 찾아갔다. 기나긴 여행의 하이라이트였다.

윌리는 매일 밤 캠핑카 안에서는 항상 할 일이 많았다. 요리해서 먹고, 사진을 정리해서 노트북에 저장하고, 일기를 쓰고, 다음 일정을 계획하고, 여행 코스를 엄밀히 체크하고, 여행 책자에 소개된 관광코스를 치밀하게 읽었다. 때로는 노트북으로 영화도 감상하냐는 질문에, 그는 시간도 없고 너무 피곤해서 볼 수 없었다고 대답했다.

윌리 마터는 영화관을 잘 가지 않는다. 대신 집에서 영화를 즐긴다. DVD로 보면 영화 내용을 따라잡는 동시에 자막을 읽어야 하는 스트레스가 훨씬 덜하다. '일시 정지'를 누르고 놓친 자막을 여유있게 읽은 다음, '재생'을 누르고 계속 영화를 보고, '일시 정지'를 누르고 놓친 자막 읽고, 또 '재생'하고… 다행히 요즘에는 자막 처리 ▶34가 된 TV 방영물이 많다. 하지만 자막에 의지하는 사람들이 갖는 딜레마가 있다. 자막을 주로 읽다 보면 화면 대부분을 놓치고, 영화 내용에 몰입하면 자막을 놓치기 마련이다. 게다가 자막이란 것이 대사를 요약한 것에 불과한 것이라 거슬릴 때가 있다. 아무튼 더빙된 영화는 입 모양과 소리가 일치하지 않아 훨씬 더 힘들다. 다시 말해 완벽히 입 모양을 읽는 것은▶24 불가능하다.

자동차는 2만 킬로를 기록하고 거리에서 두 달이란 시간을 보내고 난 뒤, 윌리 마터는 다시 부에노스 아이레스에 돌아왔다. 그곳은 또 하나의 절정이 윌리 마터를 기다리고 있었다. 다름 아닌 다양한 볼거리를 제공하는 시티투어, 식민지 시절 스타일을 그대로 보유하고 있는 지역인 산 텔모 San Telmo, 라 보카 La Boca의 형형색색의 골함석 주택,

팔레모 Palermo의 화랑과 명품 판매관, 그리고 유명한 오래된 카페들, 부에노스 아이레스에서 만난 사람들은 거리감 내지 불친절함까지 느껴졌다. 그 이유를 가난 탓으로 돌릴 수 있는 것일까? 그것도 비교적 잘 발달한 나라라고 간주되는 아르헨티나에서 말이다.

 윌리 마터는 청각장애를 가진 사람이면 누구나 배워야 하는 것처럼 청인 사회에서 받는 상처를 있는 그대로 감수해야 했다. 때때로 그가 청인들과 대화를 나눌 때면 그는 자연적으로 그들의 표정에서 읽게 되는 생각이 있다. '어머, 난청인이잖아! 도대체 어떻게 대화한담? 차라리 관두자.' 그가 구사하는 발음이나 억양이 청인과 다른 것은 당연하다. 그것이 대화를 그만둬야 하는 이유가 되지는 못한다. 윌리는 음성언어를 잘하기는 하지만 그것도 몇 가지 철칙이 지켜져야만 가능하다. 표준 독일어를 사용하고, 말하는 사람과 시선을 마주하고, 보통 크기의 말소리로 이야기하기 등등. ▶27 '청각장애인과는 애초에 상종을 말아야지. 전화도 못 하는 사람하고 어떻게!' 이런 생각을 하는 사람들을 만날 때마다 가슴이 아프다. 게다가 그런 생각은 타당치 않다. 윌리는 자기가 아는 사람들이나 또박또박 이야기하는 사람들과는 전화 통화가 가능하다. 그런 편견을 그가 어렸을 때 그것도 적잖게 경험했다. 그래도 청각장애 아동은 일탈행동이 어느 정도 용인되는 반면, 장애를 가진 성인은 우리가 속한 사회에 기계의 작은 톱니바퀴처럼 사회의 일원으로 어울려야 한다.

 기나긴 여행 중 윌리는 아르헨티나를 비롯한 여러 나라들의 사회와 정치 문제에 대해 많은 생각을 했다. 예를 들어 그가 2년 전에 방문한 쿠바는 공산정권을 곳곳에서 체감할 수 있었지만, 사람들은 그에게 아주 다정했다. 올드타이머 자동차들을 거리에서 감상하는 것도 큰 재미였다. 미국은 부익부 빈익빈 현상과 우익으로 변해가는 사회현상이 눈에 띄었는데, 10년 전의 첫 미국 여행 때와는 다른 현격한 변화를 뚜렷하게 볼 수 있었다. 또 미국은 스위스에 비해 장애인에 대해 훨씬 열린 자세를 가지고 있음을 확인했다. 예를 들어 워싱턴 디시 Washington D.C.에 위치한 갤로뎃 Gallaudet 대학은 농인과 난청인이 공부하는 세계 최초의 대학이기도 하다. ▶13

윌리 마터는 이미 청소년기부터 정치에 관심을 보였다. 가족들이 모이는 자리에서 정치가 주제가 되면 이해되지 않는 부분을 확인해 가면서 대화에 참여했다. 지금은 오히려 그 관심이 줄었는데 그 이유는 현실에 어느 정도 타협했기 때문이다. 그는 스위스에 어려운 시기가 올 것으로 본다. 일자리 감축, 개인주의 경향, 저임금의 외국인 근로자로 인한 자본의 이동, 부익부 빈익빈 등 이 모든 문제에, 분주한 그는 미래를 그저 염세적으로 볼 수밖에 없다. 좋은 직업교육을 받은 젊은이만이 직업 시장에서 기회를 얻는다고 그는 말한다. 그가 벌써 마흔여섯인 것이 다행이란다. 자기에게는 이 문제들이 더 이상 해당되지 않을 것이기 때문이다. 하지만 그가 물론 알고 있는 사실은, 스위스 국민들이 가진 미래에 대한 두려움은 아르헨티나에 비교해 아주 높은 수준이란 것이다.

부에노스 아이레스에서 보내는 마지막 밤에는 윌리는 이런 우울한 문제로 골몰하지 않았다. 그는 이 도시에서의 삶을 다시 한번 제대로 만끽했다. 선술집에서 탱고를 추는 사람들을 구경했고, 소문난 맛집에서 고급 음식도 맛보았다. 그리고 그다음 날 윌리는 프랑크푸르트를 경유해 다시 스위스로 날아갔다.

음성언어 대응식 수지 언어

음성언어 대응식 수지 언어는 엄밀히 따지면 언어가 아니다. 독일어로 예를 들면, 음성언어에서 사용되는 단어들을 일대일로 대응해 수어로 표현한 것으로, 다시 말해 수지 독일어 signed German라 할 수 있다. 독일 수어에는 사용되지 않는 독일어 단어들이 있다. 가령, 관사는 수어에 굳이 필요가 없고, 또 어떤 부사들은 표정과 머리 동작만으로도 그 의미가 표현되기 때문이다. 그럴 때면 수어 동작을 추가로 만들어야 한다. '자동차 한 대가 빠르게 산등성이를 달려 올라간다.'라는 문장을 예로 들어보자. 스위스 독일어 권 수어에서는 이 문장을 위해 '자동차'와 '달려 올라간다'는 두 동작만 필요하다. 그에 반해 음성언어 대응식 수지 독일어에는 단어 하나하나에 각각 수어 동작이 동원된다. 수지 독일어에는 고유의 문법이 따로 없으며 음성언어의 문장구조를 그대로 따를 뿐이다. 수지 독일어는 독일어 문법을 설명하기 위해 독일어 수업 시간에 사용될 수도 있다.

독일 수어를 전혀 모르는 사람이 음성언어 대응식 수지 독일어를 보면, 자칫 수어와 혼동한다. 그렇게 각 단어에 해당되는 수어 동작을 배우면 수어가 되겠거니 하고 수어 배우는 것을 간단한 것으로 착각하기가 쉽다. 최근 페이스북에 한 영상이 올려진 적이 있는데, 아마도 주기도문을 수어로 쉽게 접근하고자 했던 의도였던 거 같다. 단어 그대로 일대일 대응을 해서 옮겼기에 아주 쉽게 그 내용이 파악되었다. 하지만 그것은 음성언어 대응식 수지 독일어지 독일 수어가 아니다. 주기도문을 정식 독일 수어로 표현하면 독일 수어를 모르는 사람에게는 낯선 외국어처럼 이해가 전혀 불가능할 것이다.

파울리네 로러
PAULINE ROHRER

2001년생

매일 새벽 6시면 파울리네는 무리 Muri의 한 정거장에서 버스를 기다린다. 꼬박 한 시간이 걸리는 버스 여행의 행선지는 바로 취리히의 볼리스호펜 Wolishofen에 있는 농인 학교, 중학교 1학년인 파울리네가 다니는 학교이다. 파울리네가 꿈꾸는 직업은 광고 분야이기는 하지만, 그 뛰어난 수어 실력을 발휘할 만한 직업이라면 굳이 마다하지는 않을 것이다. 스위스 수어 웹 TV인 포커스파이프 FOCUSFIVE에 벌써 여러 번 출연을 한 경력이 있고, 어린이용 DVD에서 이야기와 동화를 수어로 구연했다.

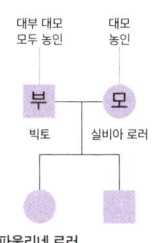

* 남자 □, 여자 ○
  농인 ——, 청인 ——

파울리네는 무릎 위에 누워있는 고양이 등을 쓰다듬고 있었다. "고양이가 그르렁거리는 소리가 거슬리지 않나요?" 파울리네의 어머니가 테이블에 앉아있는 사람들에게 물었다. 이 질문에 모두 의아해하며 "지금 그르렁거리나요?"라고 되받아 물으며 귀를 기울였다. 그렇다, 그러고 보니 소리가 들린다. 파울리네와 어머니 실비아만 제외하고. 둘은 농인이기 때문에 보고 느끼고 경험으로 아는 것뿐이다. 고양이가 그르렁 소리를 낸다는 것은 알지만, 그 소리의 강약이 어느 정도인지는 짐작도 할 수 없다. "모르기는 해도 큰 소리는 아마 못 낼 걸. 벌써 열일곱이나 된 고령이잖아."라고 실비아는 추측할 뿐이었다. 인터뷰 당시 파울리네의 나이는 열두 살. 그녀가 난생 처음으로 구사한 수어는 '고양이'였다. 생후 11개월 되던 때였다.

파울리네와 열 살짜리 남동생 캘빈은 둘 다 농인▶15, 17이다. 마찬가지로 농인인 부모 빅토와 실비아 로러는 스위스 농인 배드민턴 국가대표단에서 처음 만났다. 아버지는 타일공이고 어머니는 예전에 사무직에 종사했지만 지금은 전업주부다. 이 세 식구는 아르가우 Aargau주에 있는 무리라는 마을의 세 연립주택의 중앙부에 살고 있다. 이 집 현관문 옆의 벨을 누르면 초인종 대신 온 집안에 불빛이 반짝이면서 밖에 누가 온 것을 알린다. 이 집의 거실에는 전축도 없고, 부엌에는 그 흔한 라디오도 없으며, 전화기에는 모니터 화면이 달려 있다.

그것 말고도 로러 가족이 이웃과 다른 것이 또 있다. 이 가정에서는 독일어가 아닌 독일 수어▶14가 공용어이다. 아이들에게 수어는 아주 자연스러운 모국어이다. 파울리네는 그렇게 처음부터 수어로 언어발달을 해왔다. 청인 아동이 소리로 옹알이하듯이 파울리네는 손▶31으로 옹알이를 했다. 파울리네가 처음으로 고양이란 단어를 수어로 배운 이후로는 급속도로 어휘력이 늘어갔다. '엄마', '아빠' 등 거침없이 수어로 말했다. 수어로 한 문장을 제대로 갖춰 표현할 수 있게 된 것이 언제였는지는 정확히 알 수 없다. 파울리네의 어머니 말에 의하면, 파울리네가 입학하고 나서야 문장으로 말을 할 수 있게 되었다고 한다. 하지만 '문장'에 '말을 한다'는 것은 무슨 의미인가? 수어를 아니면 음성언어를 말하는 것인가? 수어에서 말하는 제대로 구색을 갖춘 문장이란 어떤 것을 의미하는가? 관사, 형용사, 명사와 동사가 들어간 문장을 의미하는가? 그렇지 않다. 이런 것들은 독일어 문법에 나오는 개념이다. 수어에서 의미하는 문장은 관사나 심지어 부사, 동사 없이도 완벽하며, 독일어와는 완전히 다르지만 동등한 문법 체계를 가지고 있다. 그 수어를 파울리네가 두세 살이 될 때까지 배운 것이다. 파울리네의 언어 습득도 청인 아동들의 시기와 동일하게 이루어졌다. 언어치료 같은 도움이 필요하지 않았다. 파울리네가 생후 6개월 되었을 때 청각 재활 교사▶2가 일주일에 한 번씩 파울리네를 방문해서 한 일은 언어 습득을 도운 것이 아니라, 오로지 발음▶1을 익히는 데만 전념했다. 아기가 하는 옹알이를 말해서 흉내 내도록 유도했다. 수어는 절대 사용하지 않았다. 전혀 듣지 못하는 파울리네에게 매우 힘든 일이었다. 당시에 처음으로 받았던 보청기도 말을 배우는 데 그리 큰 도움은 되지 않은 것 같다. 그래도 재밌는 장난감 구실을 한 것만은 분명하다. 보청기 끼고, 보청기 빼고, 끼고, 빼고...

보청기는 물론 그 이후로 의사가 계속해서 새로 처방해 준 보조 장치 중에 정말 도움이 되었던 것이 있었는지는 파울리네도 의심스러울 뿐이었다. 본인이 만들어 내는 소리인지, 아니면 타인이 내는 소리인지 보청기로는 도저히 그 소리를 구분할 수가 없었다. 누군가 자신의 이름을 아주 크게 부르면 그것은 들을 수 있을지 모른다. 아니면 문이 쾅 하고 닫히는 소리는 들을 수 있다. 그런데 그것이 무슨 의미가 있을까? 그런데도 단순히 학교에 다닌다는 이유로, 아니면 부모님이 원한다는 이유로 보청기를 사용해야 하나? 원하는 직업교육을 받을 때가 되면 보청기 착용 여부는 본인이 결정할 수 있을 것이다.

혹시 인공와우▶6를 이식받고 싶지는 않을까? "아뇨, 싫어요!" 파울리네의 대답은 아주 분명했다. 파울리네는 농인 사회에 강한 소속감을 느끼고 있고, 거기가 곧 삶의 터전이었다. 수어가 자신의 모국어이기 때문에 자연스러운 소통을 위해 보조 장치 같은 것은 필요 없었다. 힘겹게 음성언어로 소통해야 하는 상황에서는 차라리 입 모양▶24을 읽는 편을 택했다. 파울리네는 단호히 말했다. "저는 듣는 데는 관심 없어요."

파울리네가 생후 3개월이 되었을 때 처음으로 청력검사를 받았다. 아이를 지켜본 부모는 파울리네가 큰 소리▶36에도 반응을 보이지 않는다는 것을 알아챘다. 그래서 소아과 의사에게 딸을 데려갔고 결국 농아동이라는 진단을 받았다.

물론 놀랄 일은 아니었던 것이, 양부모뿐만이 아니라 아버지 쪽 남매들 모두 농인이었기 때문이었다. 그와는 다르게 어머니 쪽은 어머니만 제외하고는 모두 청인이다. 파울리네가 조부모나 친척들과 음성언어로 소통한다는 것은 그녀가 외국어를 하는 것과 다름이 없었다. 그녀가 체험한 것과 느끼는 것을 거리낌 없이 자유자재로 표현하기가 힘들어지기 때문이었다. 반면, 대부와 대모는 모두 농인이기 때문에 그들과는 언어의 장벽이 전혀 없었다.

소통이 수어냐 음성언어냐에 따라 파울리네의 인간관계는 결정된다. 그녀는 청인 친구가 하나도 없다. 그들과는 동등하게 인격적인 관계로 만날 수 없다. 한 10년 전쯤 그녀가 아주 어릴 때 놀이터에서 함께 뛰어놀 친구로는 청인 아이들도 가능했다. 하지만 나이가 들수록 서로에게 언어는 점점 더 중요해졌다. 파울리네는 늘 소외감을 느꼈고, 결국에는 청인 아이들과는 더 이상 놀고 싶지 않았다.

파울리네가 4살 반이었을 때 아르가우 주의 운터엔트펠덴 Unterentfelden에 있는 있는 난청 아동 학교 부속 유치원에 들어갔다. 하지만 그곳에서 제대로 적응을 못 했다. 그 이듬해에는 수어를 쓰는 아동이 첫해보다 줄어들어 파울리네는 흥미를 잃고 말았다. 그 학교의 청인 교직원은 다 수어를 못 했던 것이 그 원인이었는지는 모르지만, 선생님들과도 사이가 좋지 않았다. 파울리네는 여섯이 되었을 때 취리히의 볼리스호펜의 농인 학교에 입학했다. 이곳에서는 수어가 아주 중요한 역할을 했다. 1984년에 수지 독일어가 도입되었는데, 독일어에 일대일 대응되는 수어 단어를 나열하여 표현한 언어를 일컫는다. 이 학교에서는 모든 교사가 독일 수어를 할 수 있고 수업에서도 아주 중요한 수단이다. 독일 수어는 교과목 중 하나이자 다른 과목들에서도 사용되는 소통 수단이기도 하다. 일명 팀 교습이라는 개념으로 이뤄지는 수업이 있는데, 교사의 수업내용을 농인 보조교사가 독일 수어로 통역을 해서 수업을 보조해 준다. 또한, '프로 게 Pro G' 과목이 있어서 농인 문화▶21에 대한 수업도 들을 수 있다. 이런 점만 제외하고는 취리히 농인 학교의 중학교 1학년 교과과정은 일반 학교의 교과과정과 큰 차이가 없다. 단, 음악 과목 대신 실업 과목을, 외국어 과목으로 프랑스어와 영어 대신 독일어와 영어를 배운다. 농아동도 5학년부터는 영어를 배운다. 초등학교 영어 시간에 주로 읽기, 쓰기 그리고 말하기를 배우고, 중학교 과정에서는 미국 수어가 추가되는 대신 말하기가 생략된다. "다행이지 뭐예요, 영어 회화는 배워서 뭐 하겠어요? 제가 하는 영어는 어차피 사람들이 못 알아들을 텐데 말이에요." 사실 독일어 발음을 익히는 것만 해도 매우 힘겨운 일이다. 파울리네는 아직도 일주일에 두 번 언어치료를 받는다.

    농인 학교의 쉬는 시간은 어떤 모습일까? 모두 수어를 한다면 복도는 늘 조용하지 않을까? 천만의 말씀, 음성언어도 들리고 수어도 보이고, 여기저기서 고함에 괴성에 여느 학교와 다름없이 소란하다. 파울리네의 학급에서 볼리스호펜의 초등학교를 꼬박 6년을 다닌 학생은 그녀가 유일했다. 학급이라 호칭하기에도 무색하게 3학년까지 학급 구성원의 변동이 심했다. 그 이유는 청각장애 아동은 개별적으로 자신의 진로를 결정해야 하기 때문이었다. 또 저학년 과정에서 가끔 난청 학생과 농학생이 같은 학급에 섞여 있어서, 학습 수준이 다르기 때문에 끊임없이 구성원이 바뀌었다. 어떤 학생은 난청 아동 학교로 전학을 갔고, 어떤 학생은 일반 학교의 통합 교육으로 결정을 했다. 일반 학교에서 성과를 보지 못한 학생이 전학 오기도 했다. 파울리네도 한 1년 반 동안 일주일에 4시간 정도 일반 학교의 학급에서 수업을 받았었는데, 마음에 들지 않았다. 결국 일반 학교에 통합되기보다 그녀는 청각장애인 학교에 머물기로 결정하고, 2013년 여름, 파울리네는 상급학교 1학년에 진학했다.

학급 구성원이 자주 바뀔 뿐만 아니라, 초등학교 한 학급 학생이 평균 대여섯 명밖에 되지 않고, 그나마 상급학교에서는 학생 수가 통틀어 열셋 밖에 되지 않기 때문에, 파울리네가 절친한 친구를 찾기가 힘들었다. 게다가 등하굣길에 또래 친구들을 사귀는 것도 불가능했다. 파울리네는 무리에서 취리히 볼리스호펜까지 먼 길을 버스로 통학하기 때문이었다. 매일 아침 5시 15분에 기상해 6시면 정류장에 서서 버스를 기다렸다.

버스 안에서 파울리네는 다른 사람들을 아주 주의 깊게 관찰하지만, 말을 거는 일은 없었다. 혹시 같은 또래의 청인 여자아이가 말을 걸어오지는 않을까. 웬만해서는 그런 일은 없었다. 청인과는 달리 파울리네에게는 자신이 청인 사회에 속하지 않는다는 사실이 지극히 당연했다. 버스 승객이 하는 이야기를 파울리네는 들을 수가 없었다. 그렇다. 상점이나 미장원, 음식점에서 아무리 붐비는 시간이라도, 그녀에게는 그저 정적을 의미할 뿐이었다. 자신이 여자아이들 수다에 함께 섞일 수 없는 것도 너무 당연했다. 하지만 다른 여자아이들이 파울리네를 두고 귓속말하거나 무시할 때는 정말 속상했다. 그래서 파울리네는 체조 교실에 들어갔다. 거기서는 그렇게 소외당하거나 비웃음거리가 되지 않을 테니 아주 현명한 선택이었다. 다만, 거기서는 늘 해오던 것처럼 선생님의 지시를 아무도 수어로 통역해 주는 사람이 없으므로 모든 것을 정확히 지켜봐야 했다. 유감스럽게도 건강상 문제로 체조 교실을 그만둬야 했다. 그런데도 파울리네는 다시 청인 아이들과 함께 운동해 보고 싶었다. 그래서 테니스 강좌도 탐방하려고 신청해 놓았다. 하지만 2013년 여름, 파울리네가 처음으로 참가했던 스위스 농인 스포츠협회에서 주최한 스포츠 캠프만큼 좋을 수는 없었을 것이다. 10대 청각장애인만 모인 자리였기 때문이었다.

파울리네는 손재주가 좋다. 어릴 때부터 만들기를 아주 좋아했는데 이제는 시간이 좀처럼 나지를 않는다. 학교 공부 때문인지 아니면 아이패드가 갑자기 더 중요해져서인지는 분명치 않다. 파울리네는 페이스북이나 소셜 네트워크를 아주 좋아해서 비디오 채팅 프로그램인 오보 ooVoo에서 채팅도 하고, 유튜브도 즐겨보고, 직접 사진이나 동영상을 찍어 올리기도 한다. 등하굣길 버스 안에서 읽는 무료 신문 외에는 저녁에는 좀처럼 책을 읽을 틈이 없다. 이 무료 신문은 뉴스가 간결하게 서술되어 있기에 음성언어가 외국어 같은 농인 파울리네에게는 아주 편하다. 독일어는 사실 그녀에게는 외국어나 다름없다▶23. 신문을 자원해서 외국어로 읽기 쉽지 않지만 파울리네에게는 문제가 되지 않는다. "아이의 독해력이 벌써 저보다 나은 거 같아요."라고 파울리네 어머니는 말했다.

　기회만 된다면 파울리네는 수어 프로젝트에 참여하고 싶어 했다. 벌써 몇 번이나 스위스 수어 웹 TV 포커스 파이브 FOCUSFIVE ▶11 어린이 프로그램인 '포커스키즈 FOKUSKIDS'에 출연한 적이 있다. 「파울리네와 개구리 왕자」❶ DVD에서 네 가지 이야기를 수어로 구연했다. 또한 청인 아동들을 위한 수어 워크숍 교재인 「두 손을 움직여요 Hände bewegen」❷ DVD 제작에도 참여했는데, 카메라 앞에서 백설 공주 동화를 수어로 구연하는 일이었다. 파울리네는 프롬프터나 수어 지도 같은 도움 없이 9분 동안 전혀 막힘없이 해 낼 수 있었다.

　파울리네는 방학을 주로 바다에서 보낸다. 작열하는 태양과 수영을 좋아하기 때문이다. 게만 나타나지 않는다면 더 바랄 나위 없이 완벽하다. 낯선 도시에서의 시내 쇼핑도 좋아한다. 최신 패션도 만끽하고 선반에 진열된 옷도 뒤적이고, 아이스크림도 먹으며 말이다. 방학 동안에는 편히 쉬어야 하기에 보청기도 사용할 필요가 없다. 생각 같아서는 아예 지금 당장 치워 버리고 싶다. 자신이 직

---

❶ 요한나 크라프, 「파울리네와 개구리 왕자」, 수어로 보여주는 네 가지 이야기, DVD, 요나 2012년

❷ 요한나 크라프, 「두 손을 움직여요」 수어 기초과정 워크숍 교재, DVD 부록, 취리히 2011년

접 결정할 수 있는 때가 어서 왔으면 좋겠다. 미래가 어떤 것들을 제공해 줄까? 장차 원하는 직업이 무엇인지 물어오면 파울리네는 답변이 마땅치 않다. 다른 청소년들처럼 꿈과 포부는 있지만 실천에 옮길 만한 지식은 아직 없다. 또 청인 청소년에 비해 일자리를 찾는데 어려움이 더 있다면, 농인과의 접촉에 문제가 없는 직업 교사를 만나는 것이다. 물론 학교에서 많은 지원을 해 주기는 하지만 결코 간단한 문제가 아니다.

파울리네는 그녀의 창의력이 발휘될 수 있는 광고 분야의 아틀리에에서 일하고 싶다. 동시에 외어리콘의 청각장애인을 위한 직업학교에 다니고 싶다. 이 학교에 입학하기 위해서는 먼저 인턴 교육 자리에 채용이 되어야 하고, 장애인 사회보험의 재정 지원이 있어야 한다. 수어로 동화 구연을 한 경력을 고려하면 수어 교사 교육을 나중에 받을 가능성이 크기도 하지만, 아무튼 두고 볼 일이다.

> 그림 하나가 만물에 깃들어 고이 잠들어선,
> 꿈을 꾸고 또 꿈을 꾸더니,
> 온 세상이 둥실 떠올라 흔들거리고,
> 너는 손짓해서 마법의 단어를 그려낸다.
>
> 요세프 폰 아이헨도로프 Josef von Eichendorff의 시

음성언어 교육과 이중언어 교육

이중언어(Bilingual, 라틴어)란 두 개의 언어를 사용한다는 뜻이다. 청각장애를 가진 사람들에게 두 개의 언어란 수어와 음성언어를 일컫는다. 이렇게 이중언어 교육을 주장하는 사람들은 수어가 고도의 청각장애를 가진 사람들에게 자연스러운 언어라 확신한다. 고도의 청각장애인들은 철저히 소리로만 이루어지는 음성언어를 제대로 인식할 수 없기 때문에 눈으로 볼 수 있는 수어를 통해서만 소통 능력이 완성될 수 있다는 주장이다. 그래서 이들은 고도의 청각장애를 가진 아동이 일찍부터 수어를 배울 것을 권장한다. 상황만 허락한다면 학교에서 모국어로 수어를 배워야 하고, 수어와 음성언어 이렇게 두 가지 언어로 수업이 진행되어야 한다고 본다. 어릴 때부터 수어를 습득하면 완벽한 언어 채널 하나를 더 소유하는 셈이다. 특히 아주 어릴 때부터 부모와 소통을 제때에 할 수 있다는 장점이 있다. 수어를 하는 아동은 음성언어도 그만큼 수월하게 배운다. 그 이유는 자연스러운 언어 하나를 이미 체득했기 때문이다. 물론 어떤 언어를 선호하느냐 또는 어떤 언어를 더 잘할 수 있느냐는 사람마다 차이가 있겠다. 두 가지 언어가 가능한 사람은 두 가지 중 하나를 선택할 수 있는 장점이 있다.

그 반대 이론이 음성언어 교육을 지지하는 입장으로, 가능한 한 수어를 생략하자는 주장이다. 이 교육을 지지하는 사람들은 수어가 오히려 음성언어 습득에 방해가 되기 때문에 농인 아동이 말하기를 오히려 꺼리게 된다는 의견이다. 이 음성언어 교육의 목적은 청각장애 아동들에게 청인 사회로의 완전한 통합을 가능하게 하자는 것으로, 수어를 사용하는 농인 사회는 소수 사회라는 것이 그 이유이다.

과연 청각장애인 중 청인 사회에 완벽하게 통합되어 사는 사람이 몇이나 될까? 수년 동안 연습해 왔는데도 정확한 발음이 여전히 힘들기만 하거나, 입 모양을 읽는 데 문제가 있는 사람들을 어떻게 설명해야 할까? 완벽한 통합이 과연 청각장애인에게 현실적인 최종 목표가 될 수 있을까? 수어는 나중에라도 자신이 원할 때면 당연히 언제든 배울 수 있다 쳐도, 제때에 언어를 전혀 습득하지 못한 농아동의 심정은 과연 어떠했을까?

스위스 농인협회 SGB-FSS▶30는 다음과 같이 그들의 의견을 표명한다. '수어와 음성언어를 동시에 그리고 동등한 가치로 습득하는 것은 농인을 비롯한 청각장애인들이 자주적인 삶을 영위해 가는데 필요하고 중요한 토대이다. 이중언어 습득을 위해서는 시청각 교재와 첨단 기술의 지원이 필요하다. 예를 들어, 보청기, 인공와우, 학교 수업을 위한 수어통역 지원(…) 등이 그것이다. 음성언어를 인식하기 위해 필요한 보조 장치는 개인의 필요에 따라 다양하게 선택된다. 하지만 이러한 보조 장치를 착용하더라도 청각장애라는 진단에는 변함이 없다. 이 감각장애는 청각장애인이 평생에 걸쳐 끊임없이 그 한계에 도전할 것이기 때문이다.'❶

---

❶ www.sgb-fss.ch 이중언어: 우리의 입장
(28.3.2014)

코리나 아벤즈-롯
CORINA ARBENZ-ROTH

1975년생

코리나 아벤즈의 이력서는 화려하다. 데코레이터 교육을 받았고, 조형예술과 석사학위를 취득한 미술 교사이며, 석사과정을 이수한 특수교육자[1]이고, 두 딸을 둔 어머니에, 화가, 장신구와 가구 디자이너, 도서 일러스트레이터, 농인을 비롯한 청각장애인을 위한 이중언어 교육 기관의 대표이며, 미술 강좌 코스도 주관하고 있다. 하는 일은 많지만 분명한 것은 단 한 가지, 무엇을 하든 열과 성을 다한다. 다양한 것은 그녀의 직업뿐 아니라 취미도 마찬가지다 그중에서 춤은 그녀에게 워낙 각별해서 많은 시간과 정열을 바친다고 한다.

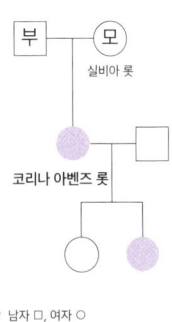

* 남자 □, 여자 ○
  농인 ───, 청인 ───

[1] 이 책을 위해 인터뷰를 한지 9개월 만인 2014년 여름부터 코리나 아르벤즈는 특수교사로 랑나우 Langnau의 한 일반 학교에서 교편을 잡고 있다.

코리나, 당신은 농인이고 남편은 청인이에요. 딸 조에는 2005년 2월 출생으로 청인이고, 또 다른 딸 리나는 2006년 11월생으로 농인이네요. 서로 어떻게 소통하나요?

저희 가정에서는 수어와 음성언어, 두 가지 언어를 사용해요. 누구와 대화하는지, 시선을 주고받을 수 있는 상황인지, 밤인지, 아침인지, 이렇게 상황에 따라 번갈아 사용하죠. 저녁에는 입 모양을 읽고 있으려면 너무 피곤할 때도 가끔 있거든요. 두 개의 언어 중 하나를 골라서 쓸 수 있다는 것은 저희에게는 큰 유익이지요. 수어는 친근하고 삼차원적인 데 반해, 음성언어는 늘 의식적으로 정확한 표현을 찾아야 하고, 소리의 강약을 유의해야 해요. 그래서 남편과 저는 아이들과 처음부터 수어로 소통했어요. 영아기의 아이들은 청인이나 농인이나 어차피 주로 몸짓으로 표현하잖아요. 저희는 곧잘 고개를 끄덕이거나, 미소를 짓고, 인정하기 싫을 때에는 고개를 설레설레 흔들었어요. 그래서 청인 아기도 수어를 하면 유리한 것이, 수어에는 손과 표정, 자세와 상체가 모두 사용되거든요. 그에 반해 음성언어는 아이가 소리를 들을 수 있는 환경에서만 가능하고요. 물론 아이들 아빠는 조에와 음성언어로 이야기하고 함께 음악도 듣고 노래도 해요. 청인인 조에가 놓치는 것이 없도록 말이에요. 리나는 농아동이란 진단을 받은 이후부터는 수어에 비중을 두고 있지요. 사실 저는 제 장애가 출생 시 산소 공급의 결핍으로 온 것이라 알고 있었기 때문에 리나의 장애는 전혀 예상을 못 하고 있었어요. 저희 집안에서는 저만 유일하게 청각장애를 가지고 있기 때문에 유전이 될 거라고는 생각도 못 한 거지요. 그런데 그런 유전자의 결함이 일곱 대를 걸러서도 나타날 수가 있다네요. 청각장애를 가져오는 유전인자가 정말 따로 있는지는 저도 몰라요. 검사 받아 볼 기회도 없었지만, 검사를 해서 확인을 했다고 해도 달라지는 것이 있을까요?

본인이 농인이란 것을 언제 알았나요?

정확히는 모르는데, 엄마한테 여쭤보는 것이 좋겠어요. 금방 모셔 올게요. 오늘 우리 집에 페인트공들이 와 있어서 저 도와주시러 오셨거든요. 아이들도 돌봐주실 겸요. (코리나의 어머니 실비아 롯이 대답한다.) 코리나가 아주 어렸을 때 저는 많이 조심하는 편이었어요. 아이가 잘 때면 청소기를 안 돌렸고요. 라디오도 안 틀었어요. 방해가 될까 봐서요. 아기방에 들어갈 때 아무리 조심해도 아이는 늘 금세 반응을 보이는 거예요. 제 움직임을 어떤 식으로든 인식한 모양인데 저는 당연히 아기가 들은 거로 생각한 거지요. 그런데 코리나가 생후 6개월이었을 때 아이를 데리고 친정을 갔었어요. 아이는 나무 장난감을 가지고 부엌 바닥에서 놀고 있었는데, 갑자기 프라이팬 뚜껑이 떨어진 거예요. 우레같이 덜커덩 내려앉는 소리가 나서 어머니와 제가 쏜살같이 아이한테 달려갔는데, 코리나는 멀쩡히 놀고 있는 거예요. 전혀 동요하지 않고요. 저희는 일부러 코리나의 시선이 닿지 않는 곳에 프라이팬 뚜껑을 다시 떨어뜨려 봤어요. 반응은 똑같았어요. 그때 무엇인가 이상하다는 것을 알아차린 거죠. 즉시 영유아 담당 상담소에 연락을 해서 예약했어요. 소리를 내서 아이의 반응을 관찰하는 검사를 하더군요. 검사는 그리 간단하지 않았어요. 농인의 시각과 촉각이 청인보다 얼마나 민감하게 사물에 반응하고 인식하는지 우리들 대부분이 모르고 있어요. 농신생아는 비록 소리는 못 들어도 빠른 동작도 볼 수 있고, 공기의 움직임도 느끼고는 즉각 고개를 돌리거든요. 청력검사를 한 상담원은 본인도 분명치 않았는지 의사한테 가서 더 자세한 검사를 해보라더군요. 의사는 또 종합병원으로 우리를 보냈고요. 거기서 코리나에게 아주 단순한 구식 청력검사를 하더니, 의사는 무감정하게 5분 만에 딱 잘라서 말하는 거예요. "농아동입니다. 취리히의 농아동 학교 ZGSZ에 가야 합니다." 코리나의 암울한 미래를 그렇게 단 몇 마디로 일축해 버리더라고요. 부모인 저희는 청천벽력에 넋이 나가 있는데 말이에요. 하지만 저희는 다시 마음을 추스르고, 바로 아르가우 주의 운터엔트펠덴에 있는 란덴호프 Landenhof 난청 아동 학교에 연락을 해서 재활교육을 모색했지요. 그때만 해도 저희는 브루그 Brugg 근처 빈디쉬 Windisch에 살았는데, 즉시 일주일에 한 번씩 재활 교사가 우리 집을 방문했어요. 그분이 우리 코리나가 말 배우는 것을 도와주셨고, 또 제가 아이를 어떻게 도와야 하는지도 지도해 주셨지요. 그리고 나서 아이를 학교 부설 유치원에 보냈고요.

코리나, 부모님은 수어를 어떻게 보시나요?

저희 부모님은 저와 제 언어 습득을 위해 어떤 것이 최선인지 사방팔방으로 수소문하셨어요. 그런데 수어가 음성언어 습득에 방해가 된다고 했다네요. 음성언어를 자유롭게 구사해야 한다는 가장 중요한 목표에 부합되지 않는다는 거죠. 그러니까 수어는 어떤 형태로든 사용하지 말라고 했어요. 그 시절에는 그런 교육 방법만이 허용되었어요. 사실 저희 부모님도 수어에 대한 반감이 저희 딸 리나를 겪고 나서야 누그러졌지요. 리나가 놀이 형식으로 얼마나 수월하게 말을 배우는지를 보신 거예요. 수어를 함에도 '불구하고'가 아니라 수어와 음성언어를 동시에 하는 '덕분에' 말이지요. 처음에는 부모님도 저희가 이 두 가지 언어를 다 고수한다고 못마땅해하셨거든요.

수어는 어디서 배웠나요?

아주 나중에야, 그러니까 학교에 들어간 후부터인데요. 그것도 수업 시간에 배운 것이 아니라 그냥 여가시간에 익힌 거예요. 같은 반에 농인 친구 하나가 저처럼 음성언어 발음에 문제가 있었어요. 그래서 그 친구와 자주 같이 숙제해야 했어요. 난청인 급우들과 달리 저희만 가지고 있던 문제였죠. 그 친구의 부모님은 다 농인이었기 때문에 그 친구는 당연히 수어가 편하지만, 저는 그 수어가 왠지 미덥지 않았거든요. 속된 말로 수어가 원숭이들이나 하는 언어처럼 느껴졌어요. 그런데 저희도 모르는 사이에 수어를 점점 더 많이 사용하게 되었고, 서로 '이야기하느라 저희는 해야 할 숙제는 어느새 새까맣게 잊어버리기가 일쑤였지요. 스펀지가 물을 빨아들이듯이 저는 수어에 그렇게 빠져들었어요. 그러던 어느 날 그때가 1991년이었는데요. 그 친구와 함께 스위스에서 처음으로 열린 농인의 날 행사에 참석하기 위해 세인트 갈렌 St. Gallen으로 갔어요. 저는 거기서 신대륙을 발견한 것 같았어요. 수많은 농인이 함께 모여 모두 수어를 하는데, 그냥 소통이 되는 것예요. 저도 그들을 그냥 이해할 수 있었고요. 언어의 장벽이나 오해 같은 것은 전혀 없이 말이지요. 그것은 정말 특별한 경험이었어요. 저는 그야말로 물 만난 물고기였죠. 평생 잊을 수 없는 날이었어요.

남편 모리츠는 어떻게 수어를 배웠나요? 아내한테서인가요?

반반이에요. 재미있는 사연이 있는데요. 2002년 여름에 취리히 외어리콘 Oerlikon에서 꽃나무로 뒤덮인 '공원 빌딩' 낙성식이 있던 날이었어요. 스위스 농인협회▶30가 이 행사에 참여해 안내 데스크에서 간단한 수어 입문 강좌를 제공했어요. 저는 거기 서서 지인과 이야기를 나누고 있었지요. 그런데 그가 제게 남자친구가 있냐 묻는 거예요. 없는데 저는 그대로가 좋다 했지요. 누구에게도 구속되지 않은 그 자유가 좋다고요. 그랬더니 진심이냐 묻는 거예요. 그러더니 그는 제 말을 곧이 듣지 않고, 제 옆에 있어 줄 남자가 필요하니 당장 거기서 누군가를 찾으라는 거예요. 저는 그렇게 쉽게 사람을 찾는 타입이 아니라고 대답했지요. 그런데도 그 지인은 막무가내였어요. 그래서 그냥 오케이 승낙을 한 거예요. 그냥 재미로! 그리고 나서 저는 그 수어 강좌에 참석한 사람들을 주의 깊게 살펴봤지요. 그때 한 젊은 남자가 눈에 들어오는 거예요. 보여주는 수어를 어찌나 빠르고 정확하게 그리고 깔끔하게 재현해 내는지, 이미지에 대한 이해가 남다른 것이 천부적인 시각 능력을 타고났다는 인상을 받은 거예요. 그 남자를 찍었지요. 물론 재미 삼아서요. 그런데 강좌가 끝나자 제 지인이 그를 데려와서는 제게 인사를 시키는 거예요. 그래서 이야기를 시작했고, 모리츠라는 그 남자가 자기 주소를 주고 갔지요. 그렇게 해서 인연이 된 거예요. 몇 번 만났는데 볼수록 잘 통했어요. 저는 여행을 너무 좋아해서 예전부터 하와이에 갈 계획을 했고, 한 5주 동안 미국을 다녀왔어요. 돌아와서 모리츠를 다시 만났는데 깜짝 놀랐어요. 그사이 그의 수어 실력이 얼마나 늘었던지. 알고 보니까 자기 동료 중에 수어통역사가 있었는데 자주 만나서 지도 받았데요. 그러고는 연습하고 또 연습하고 했다나 봐요. 그렇게 저희는 친해졌고 결국에 부부가 된 거지요.

따님 둘을 두셨는데, 조에는 곧 9살이 되고 리나는 7살이네요. 리나가 농아동이란 사실을 확인했을 때 심정이 어떠했나요?

저는 농아동과 청아동을 골고루 가져서 좋아요. 가족 중에 저만 농인이 되는 것을 무의식적으로 원하지 않았던 것 같아요. 시각적으로 천부적 능력을 타고난 남편에게도 리나가 듣지 못한다는 사실은 문제가 아니라 오히려 박진감 넘치는 과업▶29 같은 것이었어요. 하지만 그것은 어디까지나 저희의 입장일 뿐이지 리나가 처한 환경은 또 다르거든요. 아이가 다니는 학교만 해도, 저희가 감당해야 하는 어려움은 산 넘어 산이고, 딸아이의 장애에 대해서는 전혀 배려하지 않는 처사를 경험하게 되니까요. 학교에서 추구하는 통합이란 개념은 모든 학생이 각 개인의 능력과 성향을 있는 그대로 발휘할 수 있어야 하는 것인데, 그 개념은 여전히 그저 이론일 뿐이거든요.▶18 리나는 조용하고 눈에 띄지 않는다는 이유로 종종 소외되고, 소통에도 늘 어려움을 감수해야 해요. 우리 사회가 농인이라는 주제에 더 민감해지고, 더 이상 청각장애인이라는 낙인을 안고 살지 않게 되려면 시간이 더 필요할 것 같아요.

누가 언제 어떻게 리나가 농아동이란 것을 알아냈나요?

리나는 병원에서 태어나지 않았어요. 저희는 집에서 리나를 편안한 분위기에서 맞이하고 싶었거든요. 조에가 소위 말하는 거꾸로 위치한 태아(역아)였기 때문에 병원에서 분만을 하면서 아이가 태어나자마자 온갖 검사로 진을 뺐거든요. 그래서 저희는 리나가 그 힘들고 먼 여정을 마치고 나서 저희의 품에서 푹 쉬게 해주고 싶었던 거지요. 그래서 리나의 장애는 병원에서 신생아들에게 하는 청력검사를 통해서가 아니라, 저희를 통해 알게 된 거예요. 같은 상황에서 리나는 조에와는 다르게 반응을 보이는 것이 대번에 눈에 띄었어요. 리나는 유모차가 편치 않았어요. 자꾸 머리를 올려서는 여기저기를 둘러봤지요. 저희는 이상하다고 생각했어요. 포대기에서도 반응이 조에와는 달랐어요. 리나에게 포대기는 편안하고 아늑하게 그 안에서 이리저리 옮겨지는 그런 '운송수단'이 아니었어요. 왜냐하면 그 안에서는 아이의 시야가 가려지거든요. 그러니까 리나는 얼굴을 꼭 외부로 향해서 주변을 봐야 하는 거예요. 늘 눈앞에서 전개되는 그림이 필요했던 거지요. 그에 반해 조에는 포대기에 폭 싸여서 들리는 소리만으로도 만족했던 거고요. 이상한 예감 때문에 당연히 저희는 리나가 소리에 어떻게 반응하는지 실험해 봤죠. 아이가 볼 수도 없고 진동도 느낄 수 없는 환경에서 열중해 놀고 있을 때, 소음을 만들어 내서는 아이의 반응을 관찰한 거예요. 그런데도 반응을 보이지 않는 아이를 보고는 아이가 잘 들을 수 없다는 사실을 확인한 거지요. 그때가 생후 삼사 개월 정도 되었을 때예요. 벌써 그 이른 나이에 농아동의 행동이 청아동과 상이하게 다르다는 것이 신기하지 않으세요? 그런 것을 보면 농인은 그들만의 고유한 문화를 가지고 살아갈 수밖에 없지 않겠어요!▶21

리나의 장애는 가족에게 어떤 의미를 갖나요?

저희는 리나의 장애를 저희에게 주어진 흥미진진한 과제로 봐요. 아이가 농인으로서 자신의 환경에서 가능한 한 공평한 대우를 받아야 한다는 과제 말이지요. 리나에게 맞는 학교를 찾는 일만 해도 쉽지 않거든요. 청각장애 아동들이 다니는 특수학교를 보낼까 아니면 통합교육을 하는 일반 학교에 보내는 것이 나을까? 지금은 우리 동네의 일반 학교로 결정했어요. 사실 학교 측과 교사진의 지지 덕분에 가능했어요. 너무 감사한 것은, 리나의 선생님이 수어에 관심이 많으셔서 수어를 가능한 상황에서 잘 활용하시거든요. 마을 행사에서 어린이들이 수어로 노래를 한 것은 잊을 수 없는 특별한 경험이었어요. 아이들이 묘사하는 손의 율동이 얼마나 시적이고 자연스럽고 자유로웠던지 저희 부부뿐만 아니라 참가한 모든 사람에게 아주 깊은 감명을 주었던 공연이었지요.

 학교 교직원과 자모회, 그리고 청각 재활 교사 ▶2와 상의해서 일주일에 몇 시간씩 리나에게 수어통역사를 붙여주기로 했어요. 물론 저희 부부도 부모로서 가능한 한 아이를 돕고 지도했지요. 그렇다고 저희가 아이를 저희가 원하는 방향으로 몰고 가기 위해 스트레스를 준 것은 아니에요. 최근 리나가 저희를 아주 난처하게 만든 일이 있었어요. 자기는 왜 다른 아이들처럼 인공와우 이식 ▶6을 안 하냐는 거예요. 그러면 자기도 어쩌면 말을 더 잘 알아듣고 할 수도 있지 않겠느냐는 거지요. 사실 그것도 안 될 것은 없어요. 그렇지만 저는 이 새로운 첨단 기술에 항상 회의적이었어요. 저도 아주 어릴 때부터 보청기를 사용하고 있기는 하지만, 그것이 얼마나 도움이 되는지는 정확히 이야기할 수가 없어요. 물론 보청기를 켜고 있으면, 제가 요리를 하면서도 아이들이 심하게 다투는 소리를 들을 수가 있기는 해요. 그리고 소리가 계속 들리면 여전히 싸우고 있다는 것을 알아차릴 수도 있고요. 하지만 때로는 보청기 빼고 정적을 즐기는 것도 좋거든요. 그에 반해 인공와우는 완전히 다른 이야기예요. 머리에 미니컴퓨터를 달고 있다고 생각하시면 돼요. 꽤 무거운

데다 눈에 띄어요. 숱이 많고 긴 머리를 가진 여자가 아니고서야 말이에요. 그리고 절대로 착각하면 안 되는 사실이, 인공와우를 이식했다고 해서 나중에 정상인처럼 들을 수 있다는 것이 아니라는 거예요. 듣고 말하는 것은 학습이 필요합니다. 이식수술 후에도 집중적인 청능훈련이 필요한 것은 물론이고, 수술이 꼭 성공적으로 될 것이란 보장도 없고요. 사람마다 반응이 달라요. 제가 아는 젊은 여자분은 어릴 때 인공와우 이식을 했는데도 나중에 결국은 사용 안 하더라고요. 그런데 저희 리나는 일목요연하게 자기 의견을 피력했어요. 결국에는 저희가 심사숙고한 끝에 이식이 리나에게 얼마큼 성공을 보장하는지를 알아보기 시작했지요. 그때부터 인공와우에 대해서 어느 정도는 마음을 열었지만 사실 저는 여전히 좀 거리낌이 있어요. 하지만 주사위는 이미 던져졌어요. 리나는 곧 수술받을 거예요. 다만 제가 아이와 병원에 동행할지는 분명치 않아요. 저처럼 의심도 많고, 겁도 많고, 병원 트라우마까지 있는 여자가 그것이 과연 가능할지는 잘 모르겠어요.

병원 트라우마라니요?

제가 일곱 살이었을 때 서혜부 탈장 때문에 수술받아야 했어요. 마취를 받았는데 아무도 미리 이야기를 안 해준 거예요. 누가 무엇을 어떻게 한 것인지 영문도 모르는 채 말이에요. 마취과 의사는 마스크를 쓰고 있었는데 꼭 무슨 미라 같아서 어찌나 무섭던지. 게다가 의사의 입이 가려져 있으니 입 모양도 읽을 수가 없는 거예요.

그때 경험 때문에 병원이라면 그냥 본능적으로 거부감이 생겨요. 그래서 리나가 병원에 가면 아빠가 옆에 있어 주는 것이 좋아요. 저는 수어통역사가 필요하지만, 모리츠는 의사와 자유롭게 대화할 수 있으니까요. 수어를 잘하는 친구 중에 병원에서 일하는 친구가 있어서 리나가 잠들 때까지 옆에 있어 달라고 부탁해 뒀어요. 저는 병원이나 공공기관에 그렇게 수어를 할 수 있는 인력이 적어도 응급상황을 위해서라도 있어야 한다고 생각해요.

음성언어를 그렇게 거리낌 없이 잘 구사하는데도 불구하고 본인에게도 수어통역사가 얼마나 중요한지를 강조하네요. 주로 어떤 상황에서 수어통역사를 필요로 하나요?

여러 사람과 함께 즉흥적으로 자유자재로 대화해야 할 때 수어통역사가 있으면 훨씬 수월하지요. 그래야 대화의 흐름이 계속 막히지 않아요. 대화를 하는 사람의 수가 많을수록 그들의 입 모양과 표정도 그만큼 다양해지기 때문에 동시에 그것을 읽고 파악하기가 더 힘들거든요. 좌석의 배치, 시선, 공간을 비추는 조명의 역할에 따라 제게는 상황이 완전히 달라질 수 있고요. 말하는 사람을 바라보고 있어야만 하는 제게는 몹시 어려운 상황이지요▶27. 농인이 수어통역사 없이 좋은 교육을 받는 것은 불가능하다고 저는 늘 주장하거든요. 말을 하면 곧장 문장으로 전환되는 앱이 언젠가 개발되기를 바래요. 수어 통역사의 수요가 줄어서는 안되겠지만, 그런 앱이 좋은 절충안이기도 하니까요.

음성언어를 어디서 배워서 그렇게 잘해요?

사실 저희 엄마가 저의 가장 중요한 선생님이었어요. 저는 무남독녀였기에 저의 언어 습득을 위해서 온전히 헌신하셨지요. 제가 생후 6개월 때부터 제게 말하기 훈련을 해주신 청각 재활 교사의 지도도 받으셨어요. 그런데 그 선생님은 수어를 할 줄 모르셨어요. 어머니를 선생님으로 둔다는 것은 그리 편한 일이 아니었죠. 늘 제게 아주 정확한 발음을 요구하셨어요. 저의 목소리를 들을 수 없는 데다가 모든 것을 눈으로 지각할 수밖에 없는 저로서는 너무나 힘겨운 과정이었지요. 농인이 음성언어를 배우는 것은 마치 외줄을 타는 것 같은 고도의 기술이 필요해요.▶1

(실비아 롯이 다시 대화에 참여한다.) 그 당시만 해도 수어는 금기였기에 약간의 가능성도 주지 않기 위해서 아이는 두 손을 늘 등 뒤에 두고 있어야 했어요. 매일 아이와 단어를 소리 내어 읽으며 연습했지요. 그렇게 하니까 아이가 흉내 내어 소리를 내는 것은 비교적 빠른 속도로 배웠고, 말을 하거나, 때에 따라서는 단어를 입으로 흉내 내어 말하기 시작했어요. 아이가 처음으로 배운 단어가 '엄마'였는데, 물론 그때만 해도 말의 높낮이는 없었어요. 그것이 당연한 게 코리나는 처음에는 소리를 겨우 내는 정도였으니까요. 몇 살 때였는지 정확히 기억은 잘 안 나는데, 아마도 두 살 정도 되었던 것 같아요. 그때 제대로 목소리를 담아 말한 단어는 '꽃'이었어요. 아이가 정원에서 꽃을 따며 잘 놀았는데 갑자기 "꽃"이라며 이야기하는 거예요. 제가 "엄마는 안 들려" 했더니, 제대로 된 소리로 다

시 "꽃"이라고 말하는 거예요.

(코리나) 그렇게 몇 년이 지나고, 갑자기 궁금해진 것이, 사람들은 어떻게 그렇게 많은 소리를 구분할 수 있냐는 거예요. 그것이 어떻게 가능한지 말이에요. 제가 읽을 수 있는 입 모양은 사실 몇 안 되었거든요. 말을 배우는 것은 제가 유치원 입학 전까지 저의 유년기에 참 큰 비중을 차지했지요. 스위스 난청아동 학교라는 이름이 시사하듯이 우리 유치원은 난청 어린이를 대상으로 수업이 진행되었지만 저는 농아동이었거든요. 입학 조건에 부합하기 위해 저는 엄청난 노력을 해야 했어요. 저는 그 학교 부설 유치원을 다녔는데, 정기적으로 청각 재활 교사가 저를 방문해 지도했어요. 저는 온 힘을 다해 반항했어요. 한참 잘 놀고 있으면 찾아와서 방해를 하지 않나, 놀이치료시간이 재미는커녕 얼마나 힘이 들던지 한 시간 수업을 받고 나면 전 그냥 녹초가 되었거든요. 거기다가 저희 엄마까지 저를 매일 끈질기게 연습시켰어요. 그래서인지 엄마와의 관계는 지금도 그때와 비슷한 것 같아요. 어떤 때는 이렇게 엄마에게 말씀드려요. "엄마는 다른 일을 찾아야 해!" 그렇다고 해서 엄마가 저희를 위해 요리를 하신다던가, 아이들과 놀아주시는 것을 굳이 사양하겠다는 뜻은 아니고요.

학교 교육은 어떻게 계속되었나요?

학교 과정을 다 마쳤지요. 난청아동 학교 란덴호프에서 유치원 2년, 초등학교 6년, 상급학교 준비반 1년, 그리고 고등학교 3년이요. 제가 기숙사로 가지 않도록 저희가 살던 빈디쉬에서 학교 가까이 이사를 했어요. 그런데도 유치원 적응하기가 너무 힘들어서 참 많이 반항했어요. 그래봤자 허사였죠. 제게 최선을 원하시는 저희 부모님은 바로 이 학교가 저에게 최선이라 생각하셨거든요. 청각장애 아동들에게 음성언어 교육을 한다는 것은, 수어 없이 입 모양을 읽고 소리 하나하나를 발음하며 음성언어만 배운다는 것을 의미해요. 그에 반해 취리히 농학교에는 수어를 지지하는 움직임이 일어나기 시작했고요. 하지만 제가 다닌 학교에서는 수어가 금지되었어요. 그래도 기숙사 내에서는 규칙이 덜 엄격해서 제가 농인 친구들과 함께 숙제하면서 그때 수어를 배웠지요.

학교를 마치고 직업교육 자리를 찾기가 어려웠나요?

네. 그랬죠. 먼저 제가 원하는 것이 무엇인지를 분명히 아는 과정이 필요했어요. 대학에 가야 하나? 아니면 잠깐 외국에 다녀올까? 직업을 배울까? 아이디어와 관심은 많았는데, 어떤 길이 제게 적합한지를 모르겠는 거예요. 직업상담가들의 충고를 따라서 나 같은 청각장애인들에게 허락되는 단순 직업교육을 그냥 받을까? 저는 손재주가 좋아 처음에는 치위생 기술자가 되기로 결정을 했었어요. 그런데 그 직업은 너무 단순한 기술 분야라 생각했어요. 저는 예술가적인 재능도 있어서 무엇인가 창조하는 것을 좋아하거든요. 제 손기술과 예술가적 재능이 접목된 직업을 고민하다 보니 데코레이터란 직업을 발견한 거예요. 데코레이터 교육 자리를 찾기가 절대 쉽지 않았기에 스위스 전국에 공신력 있는 자격시험을 보라는 권유를 받았어요. 그래서 시험을 쳤고 합격해서 제가 이 직업에 아주 적합하다는 공식적인 인정도 받은 거죠. 그러고 나서 마노 Manor 백화점에 지원하고 일자리를 얻었어요.

    난생처음으로 수많은 직원이 함께 하는 거대한 조직사회에 들어간 것인데, 할 만하더라고요. 아주 다양한 소통의 상황들을 제가 다 소화해 낼 수 있었어요. 그런데 정작 업무가 너무 단조로워서 독창성을 발휘할 기회는 거의 없는 거예요. 그래서 2년 후에 광고 회사 아틀리에로 전업했어요. 아주 독창력이 뛰어난 팀이었는데 결속력도 좋았고, 작지만 아주 흥미진진한 일들을 혼자 맡아서 자주 할 수 있었어요. 저한테는 적격이었지요. 동시에 외어리콘에 있는 청각장애인들을 위한 직업학교와, 농인 여성인 한나와 함께 알트스테텐 Altstetten에 있는 조형 직업학교도 다녔어요. 이 학교생활은 저에게 큰 도움을 주었어요. 급우들과 선생님 모두 농인인 저와 한나를 존중해 주었어요. 농인도 청인 사회에서 성공하고 제대로 통합될 수 있다는 사실을 처음으로 경험했어요. 좋은 환경이 결정적 요소지요. 그러고 나서 4년 후에 저는 데코레이터 교육과 조형 직업학교 과정을 모두 이수하게 되었어요.

직업교육을 마치고 나서 데코레이터 자리를 찾을 수 있었나요?
    부티크 즈빙글리할레 Boutique Zwinglihalle에서 꾸준히 일이 들어와 작은 장식 일을 맡아서 했었지요. 취리히에 있는 트렌디한 정통 의류점이었어요. 그리고 1년 동안 사회복지사 인턴 과정을 청각장애인 학교에서 마쳤고요. 저는 늘 농아동과 그들의 개인적인 필요에 관심이 있던 차였고, 그 기회를 통해 제 수어 실력도 더 쌓고 싶었거든요. 그때 공예 교사란 직업을 처음 알게 되었어요. 제 예술적인 재능과 사회복지사로서의 성향이 아주 적절하게 조화를 이룰 수 있는 직업인 거예요. 광고 예술 학교에서 학업을 할 수 있다면 더없이 좋겠다는 생각이 들더군요. 일단 입학시험부터 통과해야 하는 것이 관건이었기에, 원서를 내고 시험에 등록했어요. 500명의 경쟁자와 함께 말이에요. 이미 기초지식이 있고 조형예술 쪽에 풍부한 경험이 있는 청인들 사이에, 홀로 농인이란 점 때문에 당연히 불안했지요. 하지만 적어도 시도는 해보자 생각했어요. 그러고는 시험에 당당히 합격한 거예요. 그리고 저는 정보 수집을 위해 면담을 요청했어요. 예를 들면 강의나 그룹 토론 같은 상황에서 수어 통역도 가능한 것인지 알고 싶었거든요.

그래서 그 교육을 받을 동안 수어 통역 도움을 받을 수 있었나요?

사실 실기 쪽에서는 저 혼자 힘으로도 가능했지만, 강의나 세미나에서는 수어 통역이 없이는 불가능했어요. 혼자 해보려 했었는데 불가능하더라고요. 행사가 갑자기 생기거나, 변경되거나, 취소되는 일도 비일비재했어요. 수어통역사들은 항상 예약이 차 있기 때문에 통역을 받으려면 적어도 1~2주 전에는 미리 신청해야 해요. 미리미리 프로그램에 대한 정보를 달라 여러 번 요청했지만, 결국 흔히 가지고 있는 편견이라 생각했던 예술가들은 직관적이고 창의적이기는 하나 계획할 줄은 모른다는 사실을 확인하게 되더라고요. 아무튼 강사들이 정보를 즉흥적으로 그것도 구두로 흘려버리면, 저는 그 정보를 제대로 이해할 수 없으니, 꼭 나중에 다시 물어서 확인해야 했거든요. 그럴 때마다 제가 듣는 소리는, 별로 중요하지 않은 정보였다, 실기 작업이 훨씬 중요하다 뭐 그런 거예요. 사실 제가 원하는 것은, 저도 다른 학생들과 동등하게 대우받아서 어떤 것이 중요한지는 제가 스스로 결정할 수 있어야 하는데 말이지요.

졸업시험으로 저는 미술사적인 소재인 세 폭 제단화(역자 주: 종교화의 한 형식. 교회의 제단 뒤편에 걸며 세 개의 패널로 이루어져 있다.)를 선택해서 준비했어요. 멀티미디어와 수어로 표현해야 했기 때문에 수어는 아주 중요한 역할로, 수어통역사의 프레젠테이션이 필요 불가결했고요. 중앙에 있는 패널은 비디오 녹화 필름으로 사람들이 수어로 이야기를 전달해요. 그리고 양쪽 패널에는 수어로 전달하는 내용과 동일한 내용이 영사기를 통해 화면에 형상화되고요. 그러면서 마치 양쪽의 패널이 수어로 설명하는 사람 속으로 열리는 문 같은 인상을 받게 되는 거지요. 이 아이디어가 많은 반응을 일으켰고, 그렇게 해서 저는 제 첫 석사과정을 마치게 되었어요.

나중에 저희 아이들이 태어나고 나서는 특수교육을 전공했어요. 학업과 양육을 동시에 해내는 것은 힘에 버거운 도전이었어요. 아기가 포대기 안에서 고이 잠을 자더라도 학교에 데리고 가려면 눈치가 보였는데, 남들 앞에서 아이 젖을 먹이는 일은 더더욱 반가움을 살 일은 아니었거든요. 그러니 수업을 다 참석할 수가 없어서 종종 결강할 수밖에 없었어요. 하지만 1년만 학업이 지체되었고, 결국에는 제 두 번째 학업인 특수교육 분야에서도 석사학위를 취득했지요.

공예 교사로 일하신 적이 있는데, 그것도 유치원에서 고등학교까지 다양한 연령층을 지도하셨어요, 특별히 남는 기억이라도 있나요?

자폐가 있는 농아동을 지도한 것이 아주 흥미롭고 보람 있는 경험이었어요. 아이들이 처음에는 눈을 안 마주치는 거예요. 사실 농인에게는 시선을 주고받는 것이 너무 중요한데 말이에요. 그때 다시 한번 수어가 아주 힘든 상황에 적합한 소통 수단이란 것을 증명해 보였어요. 수어를 통해 아이들과의 소통이 가능해지니까 관계도 성립이 되는 거예요. 소통이라는 엄청난 장벽을 사이에 둔 사람들이 아주 특별한 관계를 갖게 된 거지요. 유일무이한 경험이었어요.

친구 관계는 어떠한가요? 주로 농인 친구가 많은가요? 아니면 청인 친구가 많나요?

골고루지요. 청인 농인 상관없어요. 저는 우리 가족 중에 유일한 농인이지만, 저희 부모님은 물론 친척들과도 아주 잘 지냈어요. 저희 엄마는 제가 알게 되는 사람마다 늘 저의 청각장애에 관해서 설명하며, 일어날 수 있는 문제들을 알려주셨어요. 입이 닳도록 이야기하신 것 중에 몇 가지 예를 들면, 저는 꼭 사람의 얼굴을 봐야 하고, 저는 어차피 스위스 독일어를 못 알아들으니 농인이라고 일부러 천천히 혹은 고래고래 큰 소리로 말할 필요가 없다 등등요. 그래서 저는 한 번도 청인 앞에 서는 것을 두려워해 본 적이 없어요. 청인 앞에서 두려워했다면, 저는 대학 공부나 청인 남편과의 결혼은 엄두도 못 냈을 거예요.

이렇게 두 세계를 파도타기 하며 누비는 것은 제게는 큰 유익이에요. 농인들의 세계는 굉장히 흥미진진해요. 저희는 농인으로서의 운명과 정체성을 함께 공유하기 때문에 서로 아주 끈끈하게 연결되어 있어요. 수어를 하는 사람은 그 수어가 자기 생명처럼 너무 자랑스러워요. 저희를 하나로 만들어 주어요. 그래서 저는 수어하는 친구들과 함께하는 것을 너무 좋아해요. 마찬가지로 저는 청인 사회도 필요해요. 청인 사회는 제게 삶의 지평을 넓혀주거든요. 이 점은 농인 사회에서는 잘 경험하지 못하는 거죠.

예술과 율동은 제 인생의 핵심이에요. 저는 늘 움직이는 사람이에요. 그리고 춤은 가장 이상적인 방법으로 사람과 사람을 연결해줘요. 그보다 더 좋은 것이 있을까요? 춤을 출 때 저는 몸과 리듬의 조화를 느끼고, 듣지 못하는 제가 때로는 음악도 경험해요. 리듬감을 바닥에서 전달되는 진동으로 감지하고, 그에 따라 움직이지요. 지금까지 저의 춤 경력 중에 최고를 꼽는다면 '들어봐요 Listen' 프로젝트인데요. 2013년 여름 '테아터 트라움 Theater Traum'[2] 극단과 공동제작해서 무대에 올려진 작품이었죠. 이 극단은 제가 오

---

[2] '테아터 트라움' 프로젝트는 홈페이지 www.theatertraum.ch.에 실린 내용을 토대로 하여 요약했다.

래전부터 소속되어 있고요. 안무는 찬긴순 Kinsun Chan, 작곡과 타악기는 바젤 출신의 프리츠 하우저 Fritz Hauser가 맡았어요. 이 프로젝트를 통해 듣는다는 것이 가능한지 불가능한지 여부를 탐색하는 저희의 고민을 부각시켜 봤어요. 청인들은 듣는다는 것이 신체적으로 이미 갖춰졌기는 하지만, 그들은 과연 정말 귀담아들을까? 누군가 이야기를 할 때 그들은 무슨 생각을 하나? 그들은 다른 사람의 의견을 정말 듣고 싶어 하나? 아니면 본인 생각이 어차피 옳은 것인가? 농인은 못 듣는다. 그것은 어떤 파급효과를 낳는가? 그들이 놓치고 있는 것은 무엇인가? 뭐 그런 고민들 말이지요. 연극, 그리고 특히 춤을 통해서 저는 늘 깊은 성취감을 느껴요.

저는 그림도 그리는데 이따금 전시회도 열어 대중에게 저의 그림을 공개하고 판매도 해요. 그런데 시간이 너무 많이 필요하죠. 저희 농가에 있는 아틀리에서 제가 뿔로 만든 장신구와 원목 가구를 주로 디자인하면 남편이 제작해요. 남편은 전동 톱을 다루는 교육을 받아서 저보다는 기계를 잘 다루거든요. 그리고 아틀리에를 개방해서 관심 있는 사람들을 위해 워크숍 강좌도 운영해요. 동네 사람들과 함께 작품을 구상하지요. 사람들에게 다양한 재료를 이용해 장신구 같은 물건을 제작하는 방법을 보여 주기도 하고요.

그분들과는 음성언어를 하는 것이 힘들지는 않나요?

아뇨, 저는 제가 음성언어를 잘할 수 있어서 너무 감사해요. 제가 음성언어를 몰랐다면 그렇게 다양한 길과 자유 그리고 가능성을 누리지 못했을 거예요. 그래도 저는 수어를 더 좋아하지요. 제게는 큰 유익이에요. 두 언어 사이에서 균형을 잘 이루는 것 그것이 가장 중요하지요!

1880년 밀라노 회의

제2차 청각장애인 교육에 관한 국제 회의
ICED, International Congress on the Education at the Deaf

농학생은 어떻게 수업을 받아야 하는가? 음성 언어나 수어 중에 택일을 해야 할까 아니면 두 가지 언어로? 이 논쟁은 벌써 18세기 중반부터 시작되었다. 농학생 교육과 관련해서는 독일의 사무엘 하이니케 Samuel Heinicke 학교와 프랑스의 아베 드 에페 Abbé de l'Epée 학교를 대표로 꼽을 수 있다. 요약하자면 프랑스 학교는 수어로 수업했지만, 독일 학교는 음성언어를 기본 교육 방침으로 채택했다. 1880년에야 두 가지 언어를 둘러싼 열띤 논쟁이 드디어 종지부를 찍게 되는데, 이른바 밀라노 회의 (엄밀히 하자면 '제2차 청각장애인 교육에 관한 국제 회의')를 통해서였다. '유럽과 미국의 청인을 비롯한 몇몇 농인 교사가 참석한 가운데 수어와 음성언어 교육의 장단점을 논의하고, 청인 교사(농인 교사는 투표권이 없었다.)들이 농학교 수업에 사용할 언어를 투표했다.'[1]

투표 결과는 음성언어로, 농인 교육을 위해 음성언어가 사용되어야 하며, 언어교육 측면에서는 언어에 대한 깊은 이해를 돕기 위함을 목적

---

[1] 시모네 브로인리히 Simone Bräunlich, 언어장벽으로 인한 농인의 정신장애, 학위논문, 함부르크 2011년 19f쪽

으로 음성언어로 말하기와 입 모양 읽는 것만을 허용한다는 결론을 내렸다. 이러한 회의 결과는 2010년이 되어서야 캐나다 밴쿠버에서 열린 농학생 교육을 위한 국제회의에서 그 효력을 잃게 되는데, 다시 말해서 밀라노 회의 이후 수어는 무려 130년 동안 농인들에게 학교와 가정에서 철저히 금지되었음을 의미한다. 그로 인한 가장 심각한 여파로 많은 나라의 농인 대부분이 고등교육을 받을 기회를 철저히 박탈당했고, 교육과 정치 결정에도 아무런 영향력을 행사할 수 없었다. 그뿐만 아니라 농인은 직업전선에서 경력을 쌓기는커녕 개인의 능력이나 소질을 개발하는 것조차 불가능했다.

파울 폰 모스
PAUL VON MOOS

1941년생

파울 폰 모스는 과거 연방 내각 의원이었던 루드비히 폰 모스 Ludwig von Moos의 7남매 중 장남이다. 학교에 잘 적응할 수 있도록 다섯 살 때부터 벌써 루체른 Luzern 주의 호헨라인 농학교(현재 호헨라인 특수학교 Heilpädagogisches Zentrum Hohenrain) 기숙사에 들어가서 11년 동안 그곳에서 생활했다. 졸업 후 여러 회사를 둘러본 후에 3년간의 피혁세공인 직업교육을 결정했다. 직업교육을 마친 뒤에 독일 뮌헨으로 이주해 9개월간 견문을 쌓고 돌아와 연방정부 사무소에서 새 일자리를 얻었다. 그리고 그곳에서 정년퇴직할 때까지 머물며 일했다. 뮌헨에서 비로소 수어에 몰두하기 시작한 이후부터 지금까지 수십 년 동안 여러 시의회에서 수어를 위해 일하고 있다. 결혼해 슬하에 1남 1녀를 두고 있다.

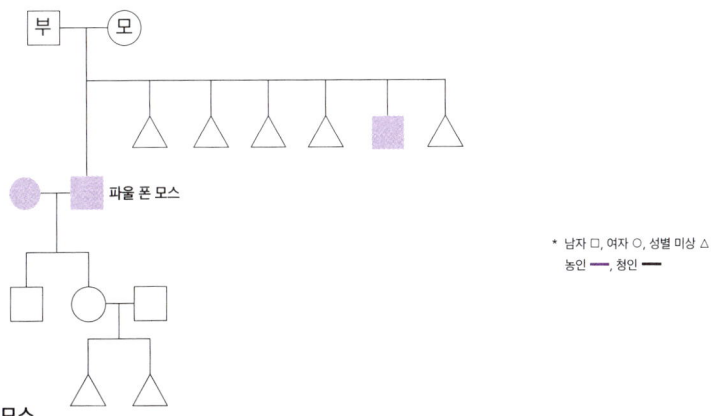

1941년 6월 7일 나는 옵발덴 Obwalden주의 작셀른 Sachseln 에서 7남매 중 맏이로 태어났다. 여섯째인 남동생 요세프도 나처럼 농인이다.▶15, 17 잘은 모르지만 짐작건대 유전인자가 청각장애의 원인인 듯하다.

아버지 루드비히 폰 모스(1910~1990)는 시 비서를 지내다가, 시의원을 거쳐 작셀른의 시장으로 선임되셨다. 내가 태어나던 해인 1941년에 주 의원이 되셨고, 1946년에는 주 정부 위원으로 임명되어 1959년까지 복무하셨는데, 그중 4년은 옵발덴주의 주지사로 지내셨다. 계속해 1959년에서 1971년까지는 스위스의 연방 의원으로 당선되셨다. 1964년에서 1969년까지는 연방 대통령도 역임하셨다. 나의 유년기에 아버지는 높은 사다리를 타고 오르듯 그렇게 화려한 이력을 만들어 가셨다. 우리 7남매에게는 아버지와 함께 한 시간이 너무 부족하게만 느껴진 것도 아주 당연했다. 그래서 틈나는 대로 우리와 대화하며 놀아 주셨던 순간들은 더더욱 소중하기만 했다. 게다가 아버지가 농인인 남동생과 나와는 소통에 어려움이 있었던 이유로, 우리는 다른 형제들에 비해 그나마 더 뒷전이 되었던 것도 사실이다.

어머니 헬레나 레기나는 재단사와 간호사 직업을 배우신 분으로 집안일을 돌보셨다. 어머니에 대한 따뜻한 기억의 단편이 몇 가지 있다. 어머니가 나를 품에 안고 기차역까지 데려가셨는데, 루체른의 의사한테 간 것을 보면 아마도 내가 아팠던 모양이다. 아니면 그냥 병원으로 나를 대동한 것일 수도 있다. 그 이유는 잘 모르지만 어머니 품에서 집으로 돌아온 기억만은 지금도 생생하다. 네다섯 살 때였던 것 같다.

나의 유년기는 정확히 두 장소로 나뉜다. 하나는 작셀른의 우리 집이고, 내가 다섯 살부터 기숙사 생활을 한 루체른 주의 호헨라인 농학교가 다른 하나이다. 내 가족에 대한 기억은 거의 크리스마스, 송구영신, 부활절, 여름방학 같은 큰 명절이나 방학과 관련된 것들인데, 그럴 수밖에 없는 것이, 나는 방학 동안에만 귀가가 허락되었기 때문이다.

방학 중 내가 집에 와 있을 때는 동생들이 다닌 작셀른의 학교는 방학이 아직 아니거나 혹은 이미 끝난 상태였기 때문에, 나는 여동생 안네마리를 학교에 데려다주고는 했다. 거기서 나는 학교 아이들과 귀를 움직이거나 눈꺼풀을 심하게 깜박거리며 우스꽝스러운 표정으로 대화를 나눴다. 지금까지도 나는 이 작셀른 학교 동창회에 초대받고 있다. 나는 안네마리와 농업협동조합에도 엘리베이터를 타러 가고는 했었다. 그때만 해도 엘리베이터는 아주 드물었기 때문이다.

여름방학이면 함께 했던 가족 휴가도 특별한 추억이다. 우리는 스위스의 한복판(1988년 지리학적으로 스위스의 중심에 있다고 알려진 바 있다.)인 알프스 산맥의 앨기 Älggi 산에서 주로 휴가를 보냈다. 그곳에서 아이들은 마음껏 뛰어놀 수 있었고, 아버지는 정치 업무의 고단한 시름을 잊고자 그림을 그리시고는 했다. 한 번은 아마도 내가 일곱 살은 되었을 것으로 기억하는데, 아버지 사무실이 있는 자르넨 Sarnen으로 갔던 적이 있다. 한 5킬로미터 남짓한 거리를 오래된 신문을 가득 담은 지게를 등에 지고 아버지를 찾아 걸어갔던 것이다. 아마도 아버지를 기쁘게 해 드리고 싶은 마음에서였던 것 같다. 아버지는 항상 열심히 신문을 읽으시고 뉴스를 들으셨기 때문이었다. 하지만 아버지의 반응은 기쁨보다는 당황스러운 기색이 더 역력했다. 뉴스는 그분의 인생에 아주 중요한 자리를 차지하고 있었다. 가족이 함께 식사하는 시간에도 라디오는 자주 켜져 있었고, 우리는 아주 조용히 입을 다물고 있어야 했다. 그 시간이 얼마나 따분했던지! 그건 잘 들을 수 있는 동생들에게도 마찬가지였다. 힘든 시간이었다. 농인인 나와 남동생에게 그보다 더 따분한 것이 있었다면, 식탁에서 자주 벌어졌던 가족들의 토론 시간이었다. 전혀 알아듣지 못하는 우리 둘은 철저히 소외되었다. 도대체 무슨 이야기가 오고 가는지 잠시라도 우리에게 설명해 주는 사람이 아무도 없었다. 예배 시간도 마찬가지였다. 라틴어로 진행된 미사가 어느 어린이에게 흥미롭겠나 싶지만, 특히 나와 남동생 요세프는 더욱 알아들을 수 없어서 우리는 교회에서조차 철저한 소외감을 느낄 수밖에 없었다.

농인인 두 형제가 서로 수어를 했겠지, 아니면 뭔가 은밀한 둘만의 언어라도 개발하지 않았을까 하고 생각하는 사람이 있다면 그건 큰 오산이다. 부모님은 우리가 손짓으로 소통하는 것을 좋아하지 않으셨고, 우리 둘은 음성언어로는 대화가 불가능했다. 청인인 동생들과도 소통이 어려웠는데, 그 이유는 나는 음성언어를 배우지 않은 데다가 동생들이 자주 나를 골렸기 때문이다. 하지만 들을 수 있는 동생들의 입장에서는 전혀 다르게 그때 일을 회상할 수도 있을 것이다. 가령 우리 둘이 이따금 수어를 하면 자신들은 철저히 소외당했었다라고 말이다.

아버지는 종종 집에서도 정치인들을 접견하시고는 했는데, 우리는 그 자리를 피하는 대신 그날의 행사에 모두 참여해야 했다. '정숙'은 우리 모두가 철저히 따라야 했던 규칙이었지만, 요세프와 나만 추가로 지켜야 했던 규칙은 수어 사용 금지였다. 이 규칙들은 외국 대통령이나 교황이 스위스를 방문하는 등의 공식적인 행사 자리에 우리가 동참할 때도 동일하게 적용되었다. 그래도 아버지를 통해 경험한 정치 세계가 우리 남매에게는 얼마나 자랑스러웠는지 모른다.

이렇게 내 가족과 집은 나의 유년기를 채운 절반이었고, 그 나머지 절반은 호헨라인의 기숙사였다. 다섯 살에 이 학교 부설 유치원에 들어가면서 나의 기숙사 생활은 상급학교 9학년을 마칠 때까지 11년 동안 계속되었다. 학교생활 사이사이에 있었던 방학을 통해서, 나는 앞에서 이미 언급했던 특별한 체험을 누릴 수 있었다. 내 유년기를 채운 두 장소인 학교와 가정은 철저히 분리되어서 진행되었는데, 그 큰 괴리감은 지리상으로도 마찬가지였다. 호헨라인의 학교로 돌아갈 때면 작셀른에서 루체른까지 기차로 어머니가 동행해 주셨지만, 그곳에서 어머니와 마침내 작별을 고해야 했다. 기숙사 수녀님들이 루체른 기차역 승강장에서 원근 각지에서 도착하는 농학생들을 기다리고 있었기 때문이다. 거기서 다시 기차를 타고 발빌 Ballwil까지 가서, 경운기가 끄는 수레를 타고 호헨라인으로 간다. 수레에는 자리가 많이 없었기 때문에 상급 학생들은 걸어서 학교까지 가야 했다. 하지만 고위 관리직에 있는 아버지 덕분에 나와 남동생 요세프는 기사가 모는 광택이 나는 검은색 캐딜락을 타고 부모님과 함께 기숙사로 간 적이 두 번 있다. 개선장군의 행진이 따로 없었다!

호헨라인 학교 선생님들은 모두 잉엔볼 Ingenbohl 수녀회 소속의 수녀들로 학교 수업과 자유시간 규칙이 아주 엄격했다. 이미 언급한 것처럼 나는 다섯 살 때 유치원에 입학했는데, 기숙사 사감 선생님이 어머니에게 쓴 편지를 보면 나를 아주 밝은 소년으로 묘사하고 있다. "… 아드님은 잘 지내고 있으니 안심하셔도 좋습니다. 밝지만 어머니를 잊어버리지는 않은 것 같습니다. 때때로 어머니가 없다고 찾을 때가 있으니까요. 하지만 항상 활달해서 급우들과도 잘 지내고 있습니다. … 아드님은 다정할 뿐만 아니라 상냥해서 학생들은 물론 선생님들의 호감을 사고 있습니다. 우리 유치원을 결정하신 것은 분명히 아드님을 위한 탁월한 선택입니다. 훗날 아드님이 훨씬 수월하게 학교에 적응하는 것을 확인하게 되실 것이기 때문입니다. …"[1]

---

[1] 기숙사 사감 알베르트 부르거 Abert Burger가 파울 폰 모스의 어머니 헬레나 레기나 폰 모스에게 보낸 편지, 1946년 10월 22일, 파울 폰 모스의 개인 소장품

수업은 철저히 음성언어 습득 위주로 진행되었다. 유치원 첫해에는 편안한 놀이 형식의 수업이었지만, 그 이듬해부터는 입 모양을 읽어야 했고, '피 P'나 '에프 F' 같은 철자를 발음하는 것도 배웠다. 지금도 생생하게 기억하는 것이 1학년생인 나는 거울 앞에서 알파벳을 연습했다. 여러 가지 철자를 발음하기 위해 입 모양을 만들고, 그 차이를 느끼려고 애썼다▶1. 다른 과목을 위한 시간은 당연히 빠듯할 수밖에 없다. 선생님은 엄했고, 자주 이해하기가 힘들었다. 선생님의 입 모양을 읽기 위해 정신을 바짝 차려야 했다. 이따금 선생님은 커다란 확성기를 사용하기는 했지만 전혀 도움이 되지 않았다. 오히려 수어를 사용했더라면 분명 훨씬 큰 도움이 되었겠지만 그것은 금지되어 있었다. 수어를 하다 들키는 순간에는 선생님은 체벌을 하셨다. 회초리로 손을 맞거나, 호흐도르프 Hochdorf의 마을 축제 참석이 금지되었던 기억이 지금도 생생하다. 그래도 쉬는 시간이나 여가시간이면, 감시받지 않는 틈을 타 우리는 수어로 서로 이야기하고는 했다.

일요일이면 학교 예배에 참석했다. 당연히 예배는 수어▶14 없이 음성언어로만 진행이 되었다. 교회 신부님의 어조가 분명치 않았기 때문에 예배는 거의 알아들을 수가 없었다. 예배가 끝나면 모두 교실로 돌아와 선생님 중 한 분이 학생들에게 질문을 시작했다. 내가 예배 중에 알아들은 것이라고는 기껏해야 사랑의 주님, 인간, 예수님 같은 단어 몇 가지가 전부였다. 하지만 선생님은 나의 대답에 만족하시며 칭찬하셨다.

나는 8년을 같은 선생님에게서 배우고, 9학년부터는 새 선생님으로 바꿔주기를 요청했다. 다행히 다른 반으로 바꿀 수 있었다. 새 선생님이 마음에 들 뿐만 아니라, 그분의 말도 잘 알아들을 수 있게 되어서 열심히 공부했다. 특히 지리와 산수 과목이 아주 마음에 들었다. 그렇게 해서 나는 공부에 의욕을 얻었고, 뛰어난 졸업성적을 받을 수 있었다. 농학교 학생들은 수업 외에 학교와 정원 일에도 동원되었다. 이부자리를 정리하고, 감자껍질을 벗기고, 석탄을 나르고, 눈을 치우고, 곤충을 채집하는 등등의 많은 일을 했다. 학생들이 말을 잘 들으면, 호헨도르프의 마을 축제로 소풍을 가거나 내 여동생 셋이 다녔던 수녀님들이 운영하신 발데그 Baldegg의 여학교를 방문할 수 있는 특혜가 주어졌다. 하지만 이런 나들이는 일정한 규율 하에만 가능했다.

이미 언급한 것처럼 학교 내에서 수어 사용은 금지되어 있었다. 당시 사람들은 농인을 말하기를 게을리하는 사람으로 치부했고, 이들에게 수어를 허락하면 소속된 사회로의 통합이 어려워진다는 생각이 지배적이었다. 이러한 급진적 금지는 1880년의 일명 밀라노 회의에서, 청인 교육자들이 (당연히 대다수의) 농인 어린이들의 수업은 음성언어로만 이루어져야 한다고 결정을 내린 데에 근거를 둔다. 음성 언어가 수어보다 우수하다는 전제 하에 내려진 아주 치명적인 결정이었다. 농아동은 학교 수업의 절반도 이해할 수 없었기에 농인의 교육 수준을 떨어뜨리는 결과를 초래했다. 그 회의 결정으로 인해 130년 동안 세계 수백만의 농인 교육과 삶에 부정적인 결과를 가져왔던 것이다. 2010년 캐나다 밴쿠버에서 열린 회의를 통해서야 이 구태의연한 이론을 비로소 철퇴할 수 있었다.

직업교육 시절 이야기로 다시 돌아가 보자. 학업을 마친 후에 나는 여러 분야의 업체를 두루 견습하는 과정을 가졌다. 작셀른의 목제 공장, 퀴스나흐트 Küssnacht의 파일 제작공장, 루체른의 점토 제작공장, 투어가우 Thurgau주 장애인 공동체 작업장인 암리스빌 Amriswil 등이었다. 그러고 나서 1960년에 나는 베른 Bern 주 오스터문디겐 Ostermundigen에 있는 쉰들러 Schindler라는 회사에서 3년 과정의 가죽피혁공 교육을 시작했다. 운이 좋게도 강사는 친절할 뿐만 아니라 말도 또렷하게 했기 때문에 그에게서 많은 것을 배울 수 있었다. 실무교육 외에 이론 수업을 위해서 따로 학교에 가야 했다. 일주일에 한 번은 하루 종일 청인들을 위한 직업학교에서, 또 일주일에 한 번은 반나절을 농인 직업학교에서 수업을 들었다. 청인 직업학교에서는 교양과목 수업을 받았는데 아쉽게도 강사들을 이해하기가 종종 힘들었다. 강사들은 농인들과 말하기를 꺼리거나 소통이 힘들 거라 우려했었다. 농인 직업학교에서는 주로 실업 과목들을 강사들이 수업 시간에 분명한 발음으로 강의를 했기 때문에 이해도 쉬웠고, 다른 농인 급우들과도 잘 지낼 수 있었다. 게다가 우리 학생들끼리 약간의 수어로 소통할 수 있어서 더욱 마음에 들었다. 이렇게 해서 나는 좋은 성적으로 직업학교를 졸업할 수 있었다.

견습 생활을 마친 후, 나는 1965년까지 쉰들러 회사에서 일을 한 뒤 잠시 외국에 가서 일을 하기로 결심했다. 아버지가 일자리를 구하는 것을 도우셨고, 뮌헨에 있는 가죽제품 제작회사에서 9개월간 일을 하게 되었다. 소통이 쉽지는 않았지만 내가 표준 독일어로 천천히 말하면 서로 이해가 가능했다. 그래도 내 말을 못 알아듣는 상황이 생기면 내가 원하는 말을 적어서 보여주고는 했다.

여가시간에는 뮌헨의 자연보호 단체와 스포츠 클럽 활동에 참여했다. 두 곳 다 청각장애인 단체에 속하기 때문에 아주 편했다. 음성언어와 수어를 섞어서 사용했기에 서로 소통도 용이했다. 스위스 수어와 독일 수어에는 약간의 차이가 있기는 하지만, 그것은 전혀 문제가 되지 않았다. 특히 수어를 연습할 기회를 가질 수 있었던 게 내게는 큰 의미가 되었다. 나는 정식 수어 수업을 받은 적이 한 번도 없었고 여기 저기서 조금씩 눈동냥으로 배운 것이 고작이었기 때문이다. 더욱이 농인 문화와 역사에 대해 그때까지 거의 아는 것이 없었다. 그 때문에 이런 기회를 이용해 나는 시민 문화센터에서 이 주제를 다룬 강좌를 들었다. 스위스인 모임에도 참여한 적이 있지만 분위기는 좋은데도 불구하고 적응하기가 힘들었다. 농인인 나를 낙오자로 본다는 느낌 때문이었는지도 모르지만, 사실 의아하지도 않았다. 옛날 영어에 'deaf and dumm'이란 표현이 있었듯이 농인을 약간 미련한 사람들로 간주하는 편견이 애석하게도 이미 만연되어 있었기 때문이다! ▶7

다시 스위스로 돌아간 나는 제벤슈비츠 Seewen-Schwyz의 연방 사무소 병기고에서 일자리를 얻었다. 1년간의 견습과정을 거치고 1968년에 나는 정식 직원으로 채용되었다. 일이 마음에 들었다. 군용 가방을 수리하고, 솜고, 안장을 꿰매는 등의 일이었다 동료들도 친절한데다 나를 잘 이해했고 농인으로서 특별대우가 아니라 그들과 똑같이 나를 대해 주었다. 우리는 즐겁게 함께 일했고, 혹여나 소통에 오해가 생길 때는 유머로 받아넘길 수 있었다. 업무시간 외 여가시간에도 서로 만나 이야기도 나누고 함께 야유회도 했다. 한마디로 아주 즐거운 시간이었다.

그에 반해 1971년 베른으로 이주하는 바람에 옮겨간 새 일터는 강사뿐만 아니라 동료들과도 소통이 어려웠고, 오해도 잦았다. 그래도 나는 그 상황을 적응해 냈고, 결국 1987년에는 연방정부 사무소에서 20년 근속을 기념하는 영광을 맛보았다. 1996년에 조기 정년퇴직을 했는데, 그 이유는 구조조정으로 병기고의 일자리가 점점 감축되었기 때문이다.

제벤슈비츠의 일자리가 그렇게 마음에 들었는데도 불구하고 1971년에 베른으로 이직을 한데는 아주 개인적인 사연이 있다. 그해 크리스마스 때 나는 예아나 스타네스쿠 Jeana Stanescu와 약혼했고, 그 이듬해 6월에 결혼식을 올렸다. 그러나 대도시 부카레스크 Bukarest에서 자란 예아나가 전원생활에 적응하지 못해서, 우리는 베른으로 이사하기로 했다. 2년 전 방학 중 농인 친구와 루마니아로 여행을 갔다가 그녀를 알게 되었다. 흑해에 인접한 마마이아 Mamaia의 해변에서 한 무리의 농인들을 우연히 만났는데, 거기에 예아나가 있었다. 멋진 인연이었다. 하지만 결혼하기까지는 많은 장애물을 극복해야만 했다. 장애라 하면 사람들은 당연히 언어의 장애를 상상하겠지만, 천만의 말씀. 언어는 전혀 문제가 되지 않았다. 우리는 처음부터 손짓과 표정으로 부족함 없이 소통할 수 있었다. 정치·사회적인 장벽을 극복하는 것이 쉽지 않았다. 당시 루마니아는 공산국가라서 외국으로 나오는 것이 굉장히 복잡한 문제였다. 예아나가 스위스로 나를 방문하려면 공식 초청장이 필요했다. 그러기 위해서는 먼저 우리 부모님을 만나야 했지만, 농인 예아나와의 소통이 불가능했기 때문에 참으로 난감한 처지였다. 스위스의 한 연방 의원이 차우세스쿠 Ceasescus❷가 독재했던 사회주의 공화국 루마니아의 한 가족과 사돈을 맺는다는 사실도 그리 간단한 일이 아니었다. 두 번째 장벽은 혼인에 필요한 서류였다. 그사이 예아나는 다시 출국해야 했는데, 다행히 루마니아가 아니라 함부르크까지만 가면 되었다. 그곳에서 9개월을 농인 친구 집에서 머물며 예아나는 부지런히 독일어를 배우는 사이에 우리는 그녀의 스위스 신분증을 만들기 위해 갖은 노력을 다하고 있었다. 드디어 신분증은 완성이 되었고, 우리는 다시 재회했고, 더 이상 우리 결혼에 장애물이란 없었다.

결혼한 지도 벌써 40년이 넘었고 1남 1녀에 손주가 둘인데 모두 청인이다. 우리 부부만 농인이지만 문제는 없었다. 그래도 한 가지 경험만은 여전히 우리 기억에 생생하다. 십 대였던 아들이 축구

---

❷ 니콜라에 차우세스쿠 Nicolae Ceausescu는 1965년부터 1989년까지 사회주의 공화국 루마니아의 국가 원수를 역임한 독재자였다.

를 하던 도중 심장마비가 와서 병원으로 옮겨졌었다. 그 연락을 받은 사람은 부모인 우리들이 아니라 내 여동생이었고, 우리는 그 여동생에게서 통보를 받았던 것이다. 아들의 부상으로 인한 두려움에 한몫을 더한 것은 부모인 우리가 무시당했다는 충격이었다. 천만다행으로 아들은 다시 회복되었다.

나는 자녀들과 항상 음성언어로 대화했다. 아이들은 수어에 관심이 없었지만 그렇다고 우리 부부가 수어를 한다고 해서 부끄러워하지도 않았다. 예외적인 일도 있었다. 딸아이가 13살 때로 기억하는 데, 힘든 사춘기 시절 여름 캠프로 가면서 당부하는 말이 아이들이 놀릴 수도 있으니 수어를 삼가 달라는 것이었다. 그 사이 딸은 두 아이의 엄마가 되었고, 우리는 그 손주들과 수어와 음성언어를 함께 섞어 문제없이 대화한다. 딸은 손주들에게 이미 조부모가 농인이어서 수어로 제일 편하게 소통한다고 설명해 두었다.

내게는 농인과 수어의 의미를 내 가족뿐만이 아니라 온 국민에게 알리는데 큰 사명감이 있다. 그래서 나는 1998년에 결성된 베른주의 농인과 청각장애 관심 단체 IGGH에 회원으로 가입했다. 이 단체를 통해 나는 베른의 대중교통과 스위스 철도 사용에 있어서 장애인들의 편의를 위해 일하고 있다. 나는 이미 베른모빌 Bernmobil[3]에 초대되어 직원들에게 농인에 대해서 그리고 농인들과 소통하는 법, 대중교통 이용 시 농인들의 행동 양상에 대해 강

---

❸ 베른시 교통운수업체가 2001년 베른모빌이란 새로운 명칭을 얻는다.

의를 한 적이 있다. 또한 119구조대 교육에도 참여했는데 농인이 교통사고를 당할 경우 그들과 소통을 할 수가 있어야 하기 때문이다. 텔레베른 TeleBärn❹이라는 방송국 프로그램에도 출연해 시청자들에게 자동차 사고나 화재, 핵폭발 사고나 홍수 같은 비상사태에서 농인들이 필요한 도움이 무엇인지도 알렸다. 1999년에는 베른대학에서 청각장애와 청각장애인을 위한 특수보조 장치에 관한 주제 발표도 했다. 그리고 30년 이상 베른의 청각장애인 협회 이사회에 속해있고, 1991년부터는 이사장직도 맡고 있다. 행사와 야유회 등 다양한 프로그램을 계획하고, 주관하는 등 우리가 할 일은 많다. 유감스럽게도 젊은 연령층의 관심이 줄어드는 이유로 인해 회원 수는 감소하고 회원의 평균연령은 증가하고 있다.

나는 청각장애인의 문화 활동 단체에도 소속되어 박물관이나 음악회 방문을 주관하고 다양한 행사에도 참석하고 있다. 그밖에 우리가 하는 활동은 셀 수 없이 많지만 세 가지만 더 예를 들고 싶다. 첫째로는 농인들을 위한 베른 가톨릭 성당을 들 수 있다. 농인들을 위한 미사를 구상하는 일은 내게 큰 의미를 주기 때문이다. 둘째는 내가 몇 년 동안 열심히 몸담았던 수어통역사 입학위원회, 그리고 세 번째는 내가 1999년부터 운영하고 있는 취리히의 농인을 위한 수어 지원협회이다.

할 일은 여전히 많다. 스위스에서 방영되는 TV 프로그램에 자

---

❹ 텔레베른은 베른 주와 졸로투운 Solothurn 주 그리고 독일의 프라이부르그 Freiburg에 해당하는 지역 민영방송국이다.

막 처리와 수어 통역이 더 필요하다. 지난 30년간 방영물의 자막 처리 수는 급속도로 증가하고 있기는 하다. 1984년 교황의 스위스 방문에 관한 보도물이 그 첫 번째였고, 2013년에 스위스 독일어권 지역에 이미 12,025시간의 방영물이 자막 처리되었다. 하지만 여전히 총 방영물의 절반도 채 못 되는 실정이다. 거기에 수어통역사가 통역하는 프로그램은 거의 전무하다고 할 수 있다. 우리 농인들이 어떻게 정보 결핍을 극복할 수 있겠는가? 독일어는 우리에게 외국어나 다름없다.▶23 애석하게도 청인 사회의 대다수는 농인으로 산다는 것이 어떤 것을 의미하며, 청각장애가 초래하는 영향에 대해 아는 것이 거의 없다. 또한 농인을 '귀머거리에 벙어리'▶32라고 부르고, 우리의 언어인 수어를 '원숭이 언어'라고 천시하는 사람들이 여전히 있다. 우리는 벙어리가 아니다. 오늘날에는 '농인'이라는 호칭이 있다. 게다가 '원숭이 언어'란 표현은 어불성설이다. 수어는 아주 가치 있는 언어이다. 그에 대한 해명이 시급하다.

    청인도 우리 농인 행사에 꼭 한 번 참석해서 수어의 매력을 체험해 보기를 추천하는 바이다. 스위스 전역에서 개최되는 세미나 강좌가 다양한 수어와 음성언어로 동시통역 되는 것을 보면 황홀경에 빠질 것이며, 농인 문화가 제공하는 그 다양성에 경탄하게 될 것이다. 농인과 표준 독일어로 대화도 해 보기를 권한다. 농인들의 문화행사가 열리는 곳에서는 어디든 빠짐없이 나를 만날 수 있을 것이다.

농인 문화

농인에게는 자신들만의 고유문화가 있다'라는 명제는, 농인을 비롯해 어떤 형태로든 수어와 농인에 관련이 있는 사람들에게는 지극히 당연한 사실이다. 하지만 이 사실은 도리어 청인에게 의문을 갖게 할 뿐 아니라 심지어는 반감을 사기도 한다. 왜 농인도 지체장애자나 시각장애자와 마찬가지로 다수 사회의 일원이 될 수 없는지, 또 다수사회 문화로의 통로가 이들에게도 자유롭게 열려있지 않느냐 의아하게 생각되기 때문이다. 하지만 그렇지 않다. 농인들에게는 스포츠, 극장, 영화관, 클럽, 시민회관 활동은 물론이거니와 오페라나 음악회 관람을 하는데 많은 장애가 있다. 도처에서 이 장벽에 부딪히기 일수다. 연극공연이나 영화관람은 들을 수가 없으니 불가능하고, 축구훈련이나 시민회관 활동은 어차피 절반도 이해 못하는 등 언어의 장벽이 너무 높다. 적어도 읽고 쓰는데야 청력은 관계 없으니 책을 통해서라면 이런 소통의 장애는 없을 것이 아니냐고 반문하는 사람이 혹여나 있다면 그것 역시 큰 오산이다. 농인이 음성 언어를 읽고 쓰려면, 마치 외국어를 배우는 것과 마찬가지로 단어를 열심히 익혀서 관리해야 한다. 왜냐하면 그들이 사는 세계는 오로지 정적 뿐이어서 청인 처럼 일상에서 끊임없이 언어의 자극을 받는 것이 불가능하기 때문이다. 음식점에서, 거리에서, 버스나 전철 안에서, 직장에서 오고가는 대화에서 곧잘 소외되는 농인은 수시로 되묻고 확인해야 한다. 이러한 이유 때문에 농인들은 그들끼리 어울려 행동하고 그래서 서로 끈끈한 인맥을 이루고 있다. 농인사회의 이렇게 특수한 구조를 암시하는 기본적인 상징이 바로 수어다. 이 시각적인 언어를 통해서만 농인은 자유롭고 완벽한 소통이 가능하고, 그들 고유의 문화는 이 언어에 기초를 두고 있다. 이를테면 수어연극, 수어로 표현되는 시낭독, 농인들의 자작시 경연대회 Deaf-Slam, 농인 스포츠 동호회, 농인교회 같은 기관 등이 그것이다.

민족학자 안네 우리히 Anne C. Uhlig는 농인들의 문화, 소통 그리고 공동체를 연구한 논문에서 이렇게 언급한 바 있다. '농인 공동체는 시각에 기초한 고유의 문화를 가지고 있다. 마찬가지로 그들의 일상도 철저히 시각에 입각해 이루어진다. 그들이 속한 이 공동체 안에서 그들이 자신을 농인으로 인식하는 것은 결핍이 아닌 그들 문화의 상징이자 그 일원이 되기 위한 필수조건이기도 하다.' 그리고 몇 페이지를 넘기면 이런 내용도 눈에 띈다. '고유한 언어와 고유한 역사, 사회적 인맥과 결합, 고유의 명칭과 가치체계, 특히 자신들 특유의 조합체를 고려해 볼 때, 농인 사회는 일반적으로 하나의 민족 집단으로 간주할 수 있다.'❶

---

❶ 안네 우리히 Anne C. Uhlig 농인의 민족지학, 빌레펠드 2012, 354쪽, 360쪽

바바라 디아즈
BARBARA DIAZ

1985년생

　바바라 디아즈의 수첩은 항상 스케줄로 빽빽하다. 그녀는 수어로 방송되는 인터넷 TV인 비영리단체 포커스파이브 FOCUSFIVE에서 사회 진행자로 일하고 있는 다재다능한 사람이다. 그녀의 활약은 수많은 농인의 귀감이 되고 있다. 바바라 디아즈의 얼굴을 모르는 농인은 아마 없을 것이다. 그녀는 부업으로 수어도 가르친다. 여가시간에는 수어교사와 수어교사 양성인으로 결성된 직업 연맹 대표단에서 웹마스터(역자 주: 웹 서버나 홈페이지를 관리하는 총관리자) 작업을 맡고 있다. 수어로 소통하고 싶어 하는 가족들로 구성된 자조 단체를 위한 행사도 주관한다. 바바라는 결혼해서 올해로 두 살 된 딸이 하나 있다.

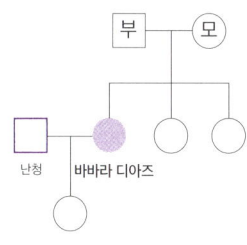

* 남자 □, 여자 ○
　농인 ━, 청인 ━

'2003년 유럽에서는 유일하게 수어로 방송하는 웹 TV 기관 포커스파이브 TV FOCUSFIVE TV 채널이 창립된다. 감사하게도 오늘날에는 그와 유사한 방송기관이 무려 열 개나 된다. 포커스파이브는 청인과 농인 사이를 연결하는 다리 역할을 한다. 그 때문에 모든 프로그램은 수어로 방송되고, 대부분 자막 처리가 되거나, 음성언어로 더빙이 되기도 한다. '장벽 없는 소통'이라 함은 청각장애의 정도와 관계없이 누구나 뉴스, 정보, 스포츠, 문화 프로그램으로의 통로가 열려있음을 의미한다. 그런 의미에서 청인도 동일하게 포커스파이브 방송 프로그램에 초대된다. 포커스파이브의 창시자들이 기획하고 제작하고 방송한다.'[1] 현재 포커스파이브에 종사하는 사람은 대표이사, 인턴사원, 보조 사원, 포스트프로덕션(필름을 윤색하고 편집하는 과정) 담당자 그리고 사회 진행자인 다재다능한 바바라 디아즈로 총 다섯 명이다.

바바라는 2008년부터 포커스파이브에서 일하고 있다. 첫해에는 무보수로 자원봉사를 했고, 그 다음 해부터는 프로그램당 소정의 출연료를 받았고, 임신과 함께 출산휴가 후 2014년부터는 정식 직원으로 채용되어 전체 방영물의 20%를 담당하고 있다. 초창기에는 그야말로 중노동이었다. 프로그램당 5개의 주제를 골라 조사하고 작성하고, 요지가 되는 수어를 그려 메모하는[2] 방식으로 방송을 준비하는 것이 그녀의 책임이었다. 어느 부분에서 지화▶9(역자 주: 수어에 없는 단어나 철자, 숫자를 지문자로 표현)를 사용해야 하는지, 아

---

[1] www.focusfive.tv.

[2] 주요 동작을 메모해서 주요 내용과 순서 기억을 돕는다. 주로 음성언어의 단어 혹은 대문자로 기록한다.

니면 어느 대목에서 입 모양▶26 없이 몸짓으로만 표현해야 하는지 등등을 기록했다. 그러고 나서 본문을 외웠는데, 카메라 앞에서는 막힘없이 자유자재로 수어로 표현해내야 했기 때문이다. 첫 두 해만 해도 당시에는 텔레프롬프터 Teleprompter(역자 주: 연설문이나 대본을 화자에게 문자로 표시해주는 디스플레이 장치)가 전혀 없었다. 오늘날에는 작업 과정이 훨씬 전문적으로 분업화되어서, 바바라는 이제 더 이상 모든 작업을 혼자 처리해야 할 필요가 없다. 주제를 선정하고 조사하는 일은 다른 사람이 맡아서 하고, 방송대본을 작성하고 프레젠테이션하는 것이 그녀의 몫으로, 어느새 바바라는 스위스 방송국 직원처럼 프로가 되었다. 다만, 한 가지 결정적인 차이가 있다면, 바바라는 방송대본을 모두 수어▶14로 전달한다는 것이다. 수어를 그녀의 모국어로 생각하는 사람도 있겠지만 그렇지 않다. 바바라는 농인▶15, 17으로 태어났지만 음성언어로 언어교육을 받으며 자랐다. 불과 30년 전만 해도 수어에는 참 많은 편견이 따라 다녔다. '원숭이 언어'라는 오명을 달고 있었을 뿐 아니라 음성언어 습득을 방해한다는 오해도 있었다. 수어도 손색없이 하나의 가치 있는 언어라는 사실을 아는 사람은 스위스를 통틀어 한 명도 없었다. 그러한 이유로 바바라는 음성언어 환경에서 성장하였다. 스위스로 이주해온 이탈리아 부모의 2세였기에 집에서는 이탈리아어를 사용했고, 유치원을 비롯해 집 밖에서는 독일어를 사용했다. 그녀만 농인이고, 부모와 조부모, 두 여동생 모두 청인이다. 태어날 때 탯줄이 목을 감아 산소 공급이 부족했던 것이 청각장애의 원인인지도 모른다. 청각장애가 있음을 확인한 것은 바바라가 한 살 반이었을 때였다. 처음 몇 개월은 바바라도 여느 아기들처럼 옹알이했고, 입술도 정상으로 움직였다.❸ 한 살 반이 되었는데도 말을 하지 않는다는 사실이 눈에 띄지 않았다. 그러던 어느 날 그녀의 이름을 크게 불렀는데도 불구하고 아랑곳하지 않고 계속 노는 딸이 어머니의 눈에 들어오기 시작했다. 인기척을 전혀 느끼지 못하는 아이의 어깨를 붙들자 영문을 모르는 아이는 깜짝 놀라서 울기 시작했다. 갑자기 소리를 잘 들은 것일까. 참으로 알 수 없는 일이었다. 진공청소기가 가까이 왔을 때 아이가 질겁을 했던 것도 의문이었다. 나중에서야 어머니는 그 이유를 알게 되었다. 바바라는 소리를 들은 것이 아니라 바닥의 진동을 느꼈던 것이다. 그제야 부모는 진지하게 고민하며 검진을 시작했다. 분명한 진단을 받았다. 아이는 농인이었다. 어머니에게는 하늘이 무너지는 것 같았다.

즉시 음성언어 교육을 위한 조치가 취해졌다. 먼저 보청기 두 개를 처방받았다. 하지만 도움은커녕 오히려 방해만 되었다. 보청기 때문에 자동차나 트럭, 비행기 등의 소음이 더 크게 들리는 이

---

❸ '청인 영아는 생후 1년까지 입으로 옹알이하는 단계를 거친다. 흥미롭게도 농유아도 이와 동일하게 생후 1년 동안 입으로 옹알이하는 단계를 거친다. 이 사실은 다시 말해 농영아도 음성언어 습득 과정을 거친다는 의미가 있다.'(소냐 그리더 Sonja Grieder '옹알이와 영아기 언어', 농인 수어지지 단체 회지 38호, 취리히 2002년 6쪽) 최근 이론에 의하면 청각장애가 있는 영아는 청인 영아보다 옹알이를 덜 하는 경향이 있다고 한다.

유로 말하는 사람의 입 모양▶24을 읽거나 소리를 내어 발음하는데 오히려 방해가 되었다. 말소리를 이해하는 데 현저하게 도움이 되는 것도 아니었다. 그래서 바바라는 필요할 때만 보청기 한쪽을 착용한다. 보청기 때문에 바바라가 음성언어를 잘하는 것이 아니라 어디까지나 그녀의 타고난 언어적 재능이 그 이유라 할 수 있다.

당연한 절차로 언어 치료사와도 연결되었다. 언어치료 시간에는 바바라만 재활교육을 받은 것이 아니라, 어머니에게도 언어치료 시간 외에 어떻게 바바라와 거울과 그림을 가지고 연습을 계속할 수 있는지 가르쳐 주었다. 방법은 이러했다. 어머니는 딸의 손을 목에 대서 '알 R' 발음 시 어떻게 혀를 굴리는지 보여주고, '에스 S'를 설명할 때는 '에스 S' 그림을 보여주고, '에스 S' 입 모양을 거울 앞에서 만들어 혀를 움직여 불고 내뱉는 소리를 보여줬다. 바바라는 종종 그 단어의 의미도 모르는 채 최대한으로 근접하게 발음해내야 했다. 바바라에게는 흙장난을 하면서 마음껏 놀 수 있는 시간조차 없었다. 곧 청각 재활 교사▶2 한 분이 추가되고, 어머니까지 합세해 언어치료 팀은 결성되었고 드디어 그 효과를 보게 되었다. 바바라가 처음으로 '엄마'라고 말을 한 것이었다. 그나마 남아 있는 청력은 계속 악화가 되었는데도 불구하고, 바바라는 큰 진보를 보였고, 다섯 살에 바바라는 취리히주의 뒤벤도르프 Dübendorf에 있는 일반 유치원에 들어간 지 2년 후에 일반 학교에 입학했다. 저학년까지는 무리가 없었다. 선생님들은 열성적으로 청인 급우보다 많은 도움이 필요한 농학생을 위해 시간을 아끼지 않았다. 하지만 바바라가 4학년이 되었을 때 상황은 점점 어려워지기 시작했다. 새 선생님은 배려심도 부족했고, 자주 학생들에게 등을 돌린 채로 수업을 했다. 바바라는 입 모양을 읽어야 하기 때문에 말하는 사람의 얼굴을 볼 수 있어야 한다는 사실을 선생님에게 거듭 상기시키며 간청했지만 허사였다. 바바라는 결국 수업에 흥미를 잃고 짝꿍이 적어 놓은 노트를 베끼거나 혼자 그림을 그리고는 했다. 어차피 수업의 대부분은 못 알아들었기 때문이다. 그래도 바바라는 맞춤법을 잘 익혔기 때문에 받아쓰기는 남달리 뛰어났다. 하지만 무슨 뜻을 의미하는지는 늘 의문이었다. 수많은 단어는 그저 속 빈 강정이나 다름이 없었고 누구 하나 그 빈속을 채워주려 애쓰는 사람이 없었다. 이렇게 해서 바바라의 성적은 점점 나빠졌다. 친구도 없었고, 강한 소외감마저 느꼈다. 결국 5학년 말에 가서는 학교 가기를 거부했다. 바바라의 부모는 재활교육 담당자들과 상담하며 해결책을 모색했고, 6학년부터는 우스터 Uster의 한 작은 사립학교로 전학을 결정했다. 한 학급에 여섯 명의 학생뿐인 이 학교에서 바바라는 드디어 제대로 된 재활이 가능해졌다. 이 시기에 또 하나의 기회가 열리는데, 그것은 그녀가 처음으로 수어를 접하게 됐다는 것이다. 농인을 위해 제작된 독일 바이에른 방송의 TV 방영물인 '듣기 대신 보기'가 매주 토요일 오전 스위스 TV에 방송된 것을 우연히 본 것이다. 바바라는 큰 관심을 가지고 열심히 그 방송을 봤는데 본능적으로 많은 수어 표현을 이해할 수가 있었다. 하지만 애석하게도 어머니의 눈에 띄고 말았다. 그때만 해도 어머니는 수어에 대한 편견이 심했기 때문에 그 즉시 채널을 바꿔버린 것이었다. 하지만 바바라의 관심은 이미 눈을 떴고, 그녀는 청각 재활 교사와 상담을 하며 수어에 관해 더 알고 싶다는 요청을 했다. 이렇게 해서 농인 여학생인 바바라는 한 농인 가정과 연결되어 수어에 대한 감각을 처음으로 얻게 되었다.

1998년 방영물 '듣기 대신 보기'는 농인들의 강렬한 시위에도 불구하고 대안 프로그램 하나 없이 방송이 중지되었다. 이것이 바로 미헬 라우바허 Michel Laubacher와 스탕코 파블리차 Stanko Pavlica가 자기 자본을 들여서 자원봉사로 포커스TV를 시작하게 된 도화선 역할을 한다. 2003년 포커스파이브는 그 첫 방송을 했다. 오늘날 포커스파이브는 다섯 개의 부서로 나누어져 있다. 포커스뉴스 FOCUSNEWS, 포커스토크 FOCUSTALK, 포커스이벤트 FOCUSEVENT, 포커스라이프 FOCUSLIFE, 포커스키즈 FOCUSKIDS가 그것이다. 또한 포커스카렌다 FOCUSCalender를 통해서 관심 있는 행사의 일정도 확인할 수 있다. 포커스키즈는 말 그대로 어린이를 대상으로 제작되며, 특히 강림절 달력을 주제로 다룬 크리스마스 프로그램이 주를 이룬다. 강림절 24일 동안 매일 달력의 문이 열리면, 크리스마스에 얽힌 이야기가 새로 소개된다. 물론 수어로 진행된다. 이 방영물은 농인 어린이나 청소년이 함께 출연하는 데, 2013년에는 파울리네 로러(77쪽 참조)가, 2012년에는 취리히 볼리스호펜 Wollishofen의 Sek 3(청각장애인 학교) 학생들이 참가하기도 했다.

6학년 말에 바바라는 상급학교 입학시험을 봤다. 사실은 일반 상급학교를 진학할 마음이 전혀 없었다. 수업은 따라가기 어려운데, 배려는 커녕 늘 놀림이나 당하니 힘들었다. 바바라의 끈질긴 성화에 못 이겨 결국 부모님은 대안 학교를 알아 보았다. 그리고 아르가우 주에 있는 난청아동 학교인 란덴호프 Landenhof를 견학했다. 대만족이었다. 그곳에서는 자기만 유일한 청각장애인도 아니고, 늘 눈에 띄지도 않고 이제는 온전히 이해받는 느낌이었다. 이 특수 학교로의 전학이 준 무엇보다 큰 의미는, 지금까지 그녀가 감수해야 했던 통합 교육이란 개념에서 해방된다는 사실이었다. 그렇다고 해서 바바라가 재활의 기회가 적어지는 것은 아니었다. 란덴호프 학교는 농인 학교가 아니라, 말 그대로 난청인 학생들을 대상으로 한 학교이기 때문에 수업도 수어로 진행되지 않았다. 한 가지 새로운 사실은 바바라가 기숙사에 들어간 것이었다. 부모에게는 절대 쉽지 않은 결정이었지만 딸의 소원이었기에 가능했다. 바바라는 주말에도 친구들과 함께하고 싶은 마음이 간절했다. 처음으로 이해받고 친구로 받아들여질 뿐 아니라 자신을 좋아한다는 느낌도 받았다. 바바라는 지금도 그때 일을 회상하며 신선한 '충격'이었다고 표현한다. 누가 뭐라 해도 그것은 아주 색다르고 멋진 경험이었다. 부모님이 헌신적으로 바바라를 돌보기는 했지만, 부모에게 그녀는 또래 아이들과 마찬가지로 자아가 싹트는 반항심 많은 사춘기 소녀와 별반 다를 바가 없었다. 게다가 여동생들과는 나이 차이가 컸다. 두 살에서 아홉 살이나 어렸는데, 열세 살 소녀에게는 영원과 다름 없는 나이 차이를 의미했다. 바바라도 당시에는 미처 실감하지 못했지만, 돌이켜 보면 자매들과의 소통에 아무래도 많은 제한이 있었을 것이고, 허심탄회하게 대화를 제대로 나눠 본 기억도 없다고 한다. 그래서 세 자매는 손짓을 이용해 소위 '세 자매 언어'라는 나름의 소통 방법을 고안해 냈다.

란덴호프 상급학교는 중학교, 실업계 고등학교, 인문계 고등학교로 이루어져 있다. 바바라는 상급학교 진학을 위해 시험을 치렀는데, 학업성적 위주의 인문계 고등학교에 입학이 가능한 점수이기는 했지만 충분하지는 않았다. 그래서 주위에서는 중학교를 권했다. 바바라는 그것이 현명한 결정이었다고 말한다. 그럼에도 불구하고 나중에 좋은 직장도 구했고, 중학교에서는 늘 우등생이었다. 학교 수업 외에도 여가 시간이 많아 친구들과 어울리거나, 피파 FIFA(국제축구연맹)에서 공인한 실내 축구의 한 형태인 풋살 경기 Futsal(역자 주: 골키퍼를 포함해 다섯 명으로 구성된 두 팀이 대결하는 스포츠)도 참여할 수 있었다. 게다가 제일 좋아하는 과목이었던 수학은, 바바라에게는 수업 진도가 느리고 내용도 쉬웠던 이유로 그녀만 추가 학습지를 따로 받았고, 혼자서 인문계 고등학교 교과서를 가지고 공부하기도 했다. 대수학을 유난히 좋아하기는 했지만, 바바라는 모든 분야에 지적 호기심이 강했고 늘 새로운 도전이 필요했다. 그뿐만 아니라, 어느새 맺어진 우정도 그 못지않게 중요했다. 그 친구들 중에는 수어를 하는 농인 여학생 하나가 있었는데, 그 덕에 바바라는 얼마 안 가서 수어를 정통하게 되었다. 드디어 그녀는 자기가 느끼는 것은 뭐든 다 표현할 수 있는 언어 하나를 발견한 것이다. 그 여자친구와 매주 금요일마다 취리히로 갔는데, 그 역에 있는 시계가 바로 농인 친구들이 만나는 만남의 장소였다. 농인은 전화 통화가 불가능하기 때문에 당시에는 직접적인 만남을 통해서만 일종의 교류가 가능했다. 오늘날엔 핸드폰의 문자나 컴퓨터의 소셜미디어 같은 새로운 기술 덕분에 다행히도 약속을 정하고 의견을 전하는 것이 훨씬 용이해졌지만 말이다. 바바라는 이 기차역에서 가진 만남의 기회를 맘껏 누렸을 뿐 아니라 매번 새로운 표현을 배우며 수어를 익혔다.

포커스라이프 FOCUSLIFE는 정치 문화면을 다루고, 영화와 인물 인터뷰를 소개한다. 예를 들면 프랑스 농인 여배우인 엠마누엘 라보리 Emanuelle Laborit(역자 주: 영화 '침묵의 저편' 주연배우), 항상 무언으로 출연하는 팬터마이머이자 카바레티스트인 크리스토프 스테어클레 Christoph Staerkle, 볼링, 배구, 테니스, 배드민턴, 스키에서 탁월한 훈련으로 돋보이는 농인 스포츠인, 치과기공사나 요리사 등 각 직업 분야에서 기술을 익힌 농인들이 보도된 바 있다.

바바라는 제과사 기술 교육을 받았다. 사실 이 직업은 그녀가 선망했던 것은 아니다. 어릴 때부터 만화가가 되는 것이 꿈이었지만 그러기 위해서는 영어 실력이 있어야 하는 데, 스위스에는 마땅한 교육기관이 없었다. 두 번째로 되고 싶었던 직업은 통역사로서 여전히 변함없는 꿈이기도 하다. 스위스에는 음성언어를 수어로, 수어를 음성언어로 통역하는 수어통역사는 있지만, 다른 나라의 수어를 통역하는 통역사는 아직 없기 때문이다. 바바라는 자신에게 적합한 직업을 계속 찾아야 했다. 그때만 해도 그녀는 재료를 가지고 만드는 작업을 참 좋아했다. 사람들과 함께하는 일은 그녀의 일생을 늘 따라다니는 소통의 문제 때문에 그저 그림의 떡이었다. 그래서 디지털 복사, 치과기공사, 도장(페인트)공, 제과사 등의 직업을 두루 훑어보고는 마지막으로 제과사 직업을 골랐다. 식재료로 작업하는 것을 굳이 좋아하지는 않았지만, 견습 수업이 마음에 든 데다가, 때마침 부모님이 아이스크림점을 개업했던 차였다. 그녀는 우스터에서 실습 교육을 받으며, 외어리콘에 있는 청각장애인 직업학교에 다녔다. 여기서 바바라는 한마디 덧붙였다. "저는 '청각장애'란 표현이 마음에 안 들어요. 제게는 사실 장애가 없거든요." 직업교육을 마쳤을 때 그녀의 나이는 열아홉, 우선 부모님의 가게에서 일을 시작했다. 하지만 자신이 배운 기술로 경험을 쌓고 싶어서, 2년 후 취리히의 렌벡 Rennweg에 있는 호놀드 Honold 제과점에 취직했다. 이 분야에서는 최고의 일자리를 얻게 된 데에는 본인의 노력이 컸다. 제과사 졸업시험에서 최고 점수를 거두었고, 그녀의 실력에 감명받은 시험 감독관이 바로 호놀드 제과점의 직원이었기 때문이다. 그가 지원자 중 바바라를 알아본 것이었다. 그때 그의 눈에 띈 것은, 농인이 주변의 소리나 대화에 방해를 덜 받기 때문에 작업에 특별히 더 잘 집중할 수 있다는 사실이다. 이 제과점에서 바바라는 제빵, 제과, 쇼콜라티에 등 다양한 파트에서 일을 하며 자신의 직업 견문을 넓힐 기회를 얻었다. 하지만 바바라는 3년 후에 사직서를 내게 되었다. 더 공부하고자 하는 뜻이 점점 확고해졌기 때문이었다. 그것은 취리히의 특수교육 전문대 HfH에서 제공하는 수어교사 교육과정 AGSA이었다.

입학 전형은 지원자들이 면접을 통해 자신의 지원 동기와 목표를 밝히고, 스위스 농인협회▶30에서 주관하는 농인의 역사와 문화에 대한 강의를 1년 동안 수강하는 것이 조건이었다. 하지만 농인의 역사와 문화에 대한 수업은 바바라에게는 그저 의무 조건 중 하나가 아니었다. 그것은 바로 자신과 자신의 필요를 배우고, 청각장애와 관련된 전형적인 대처 방식을 알고 이해할 수 있는 아주 소중한 경험이 되기 때문이었다. 이 과정이 끝나고, 2년 과정의 특수교육 전문대 커리큘럼이 시작되었다. 전문가들은 이러한 과정을 다음과 같이 축약한다. '농인이 스위스 대학에서 제공하는 프로그램에 참여하는 것이 전혀 불가능한 현실이기 때문에, 1990년부터 시작한 수어교사 양성 교육은 소위 '갤로뎃 대학의 축소형' 역할을 담당하고 있다. 수어 언어학에서 농인 문화까지 다양한 과목을 다루는 이 교육과정은 수어로 수업이 진행된다.'❹ 곧이어 바바라는 공공 연장 교육기관인 취리히 직업학교에서 수어교사로서 국가자격증을 획득했다.

바바라는 이렇게 시간을 쪼개서 학업을 하는 동시에 포커스파

---

❹ 페니 보이즈 브램 / 토비아스 하우크 / 패티 쇼어즈, 잡지 '농인의 언어와 문화'에 기고된 기사 '스위스 수어: 검토와 조망' 90/2012년, 64쪽

이브 TV에서 사회 진행자로 일을 했다. 그녀가 가는 길은 점점 더 분명해져 갔다. 사람과 그리고 수어와 관련된 일을 늘 하고 싶었다. 그녀는 소통의 문제가 초래하는 불편함을 이제는 명백하게 그리고 완전히 퇴치한 셈이다. 사실 언론학 분야의 전공지식이나 실무 경험이 전혀 없이 포커스파이브에서 일을 시작하게 된 것은 얼음물에 뛰어드는 것이나 다름없었다. 하지만 그 충격을 극복한 지금 그녀는 이곳이 더할 나위 없이 편하다.

포커스이벤트 FOCUCEVENT에서는 주로 중요한 행사를 보도한다. 예를 들면, 농인 스포츠 국제위원회 주최로 4년마다 열리는 농인 올림픽이나, 역시 4년에 한 번 열리는 세계농인연맹회의, 그리고 2013년 5월 스위스 농인협회 주관으로 이베르동레벵 Yverdon-les-Bains에서 개최된 이중언어에 관한 보도를 들 수 있다.

이중언어, 말 그대로 두 가지 언어▶5를 의미하는 데 바바라를 매혹시킨 주제이기도 하다. 그녀는 농아동은 반드시 두 가지 언어 교육을 받아야 한다고 주장하고 있다. 그 때문에 그녀는 청인 부모를 둔 농아동이 수어를 배우는 것을 돕는 일에 수고를 아끼지 않는다. 수어교사로서 그 가정을 방문해 수어 기초지식을 쌓아준다. 그녀는 취리히주에 있는 자가 도움 집단 우산 조직인 '지히트바 취리히 농인 Sichtbar Gehörlose Zürich'의 직원이기도 하다. 이렇게 개인 가정에서 개별적으로 이뤄지는 수업은 취리히 농인 학교에서 재정적인 후원을 한다. 당사자인 부모들도 후원금에 참여하고 있다. 이 프로그램의 목표는 수어를 보급하는 일이다. 농아동과 부모가 이해를 근간으로 하는 그들의 관계 형성을 위해 공용어를 찾는 것이 무엇보다 시급하기 때문이다. 더욱이 농 아동이 출생 후 유치원에 입학해 음성 언어를 접하기까지 소중한 시간을 허비하지 않도록 영아기부터 수어를 통해 소통하는 것을 배워야 한다. 이는 언어 교육 측면만 아니라 지적 발달에도 아주 중요하다. 신경정신학자 올리버 색스 Oliver Sacks는 '언어는 최대한 빨리 도입되고 습득되어야 한다. 그렇지 않으면 언어발달 과정은 점점 느려지고 지연된다.'[5]라고 말했다. 갓 태어난 농인 아기에게는 수어만이 유일한 '언어'라고 할 수 있다.

바바라는 우선 부모들에게 일상에서 필요한 생활 수어를 중심으로 가르친다. 부모가 아기에게 놀이 형식으로 수어를 가르칠 수 있도록 하기 위함이다. 아이들의 수어 실력은 머지않아 부모들의 생활 수어 능력을 쉽게 능가할 것이다. 바바라의 수업 동기는 자신의 개인적 경험을 토대로 한다. 가정에서 유일하게 농인이었던 그 외로움을 그녀는 누구보다 잘 알기 때문이다. 평생 그녀를 따라다니는 기억은, 온 가족이 둘러앉아 음성언어로 대화를 나눌 때 자신은 기껏해야 잘하면 대화의 주제 정도나 짐작할 뿐, 오고 가는 이야기를 하나도 이해할 수 없었던 일이다. 수도 없이 가족들에게 자신은 알아듣지 못한다는 이야기를 하고 납득시키려 애를 썼지만 허사였다. 한 번은 가족들에게 이렇게 시위를 한 적이 있다. 자신이

---

[5] 올리버 색스, Seeing Voices, 뉴욕 2000년, 27쪽

앉는 식탁 의자에 곰 인형을 앉혀놓고 그녀는 소리소문없이 사라졌다. 어머니가 나중에 그 이유를 묻자 바바라는 대답했다. "그 의자에 내가 앉건 곰 인형이 앉건 다를 것이 뭐가 있어? 어차피 나는 대화에도 못 끼고 말할 기회도 없는걸" 오늘날까지도 바바라는 명절이나 행사에서 가족들과 어울릴 수가 없다. 언젠가 수어통역사를 집으로 데려와야 가능해질지 그녀도 모를 일이다. "저는 대화를 따라갈 수가 없기 때문에 수어통역사가 필요해요. 제 문제가 무엇인지를 가족들이 좀 알아들을 수 있게 말이에요. 저는 말하는 사람의 입 모양을 읽지 않고는 이해가 전혀 불가능하거든요. 그런데 모두 음성언어로 대화할 때 몇 명이 동시다발적으로 이야기를 한다거나, 정확히 발음하지 않거나, 말하는 사람이 제 시야에 들어오지 않으면 저는 전혀 알아들을 수가 없으니까요."▶27 부모님을 방문할 때마다 소통의 문제로 아주 힘겹다. 하지만 본인의 가정에서는 난청인 남편과 청인인 딸과 소통하는 데 아무런 제약이 없다. 남편은 수어를 즐겨 사용하지는 않지만, 전혀 문제없이 이해하기 때문에 두 부부 사이에도 언어의 장벽은 존재하지 않는다. 둘은 16년 전 학교에서 만나게 되었는데 그때만 해도 수어는 허용이 되지 않아서 서로 음성언어로만 소통했었다. 바바라의 남편에 의하면 어느 날 갑자기 수어로만 하려니 기분이 묘했다고 한다. 그래서 결국에는 상황과 주제에 따라 수어와 음성언어를 절묘하게 섞어서 대화한다. 그렇지만 바바라에게는 의심할 여지 없이 수어가 모국어이다. 물론 청인들과 대화해야 하는 불가피한 상황에서는 그녀도 음성언어를 사용한다. 하지만 음성언어는 어디까지나 응급상황을 위한 상비책일 뿐이다. 음성언어로 심도있는 주제를 묘사한다는 것은 상상도 할 수 없다. 가령 사회적인 주제를 가지고 토론하는 것이 어떻게 가능하다는 말인가? 바바라의 딸은 두 가지 언어에 다 능수능란하다. 아이가 농인이 아니라 청인이란 사실은 바바라에게는 아무런 문제가 되지 않는다. 중요한 것은 딸이 건강하고 행복한 것이다. "딸의 삶이 저보다는 나아야지 않겠어요."라고 바바라는 말한다. 어쨌거나 딸은 청인이기에 농인이 언어 습득을 위해 해야 하는 수고를 하지 않아도 되고, 부모인 바바라 부부도 아이에게 가장 적절한 학교와 재활교육의 기회를 찾기 위해 수많은 시간을 할애하지 않아도 되는 것이다. 설령 딸아이가 어린 시절 난청이 되는 경우가 있더라도 수어와 음성언어 모두가 가능한 본인이 엄마로서 최선의 준비를 갖추고 있는 셈이다. 딸은 유난히 어린 시절부터 뛰어난 언어 표현력을 보였다. 생후 5개월부터 아주 정확하게 '우유'라고 수어를 했다. 음성언어로 '엄마'를 말한 시기보다 훨씬 전의 일이었다. 그녀는 양쪽 부모로부터 수어와 음성언어 두 개의 모국어를 물려받은 셈이다. 게다가 외조부모에게서는 이탈리아어를, 친조부모에게서는 스페인어도 조금씩 배웠다. 그녀가 일찍부터 익힌 수어 덕분에 적어도 가족들 사이에서 수어에 대한 편견을 없애는 데 크게 기여했다. 특히 친할머니는 수어 지지자이다. 외할머니는 그 반면 수어에 대해 여전히 거부감이 있다. 그녀는 음성언어 습득이 최우선 순위이며, 수어가 음성언어 습득을 방해한다는 생각이 여전하다. 이중언어 교육을 열렬히 옹호하는 바바라는 농아동이 그들만의 자연스러운 언어인 수어를 알면 음성언어도 훨씬 용이하게 배울 수 있다고 주장한다.

포커스토크 FOCUSTALK에서는 농인들이 초대되어 수어로 진행하는 토크쇼가 제작된다. 2013년 초여름 수어와 수어 통역으로 대학 입학 자격시험에 합격한 최초의 농인인 크리스타 노터 Christa Notter와, 독일 방영물인 '보기 대신 듣기'에서 큰 인기를 얻은 최초의 농인 사회자 유르겐 스타흘레비츠 Jürgen Stachlerwitz 뿐만 아니라 농인 공동체와 관계가 있는 청인도 초대되었다. 또 자신들의 프로그램을 수어로 통역한다든지, 아니면 수어를 주제로 하는 코미디언 듀엣인 우어주스 Ursus와 나데쉬킨 Nadeschkin도 소개된 바 있다. 이 둘은 2006년 빈터투어 Winterthur란 도시에서 수어 강좌를 통해 수어를 배운 바 있다.

일주일에 두 번 일반 저녁 강좌에서 바바라는 수어를 가르치고 있다. 청인, 난청인, 교사나 수어통역사 지망인 관계없이 관심 있는 사람이면 누구에게나 이 강좌는 열려있다.

이런 직장 생활과 가정사 외에 바바라가 몰두하고 있는 일이 또 있다. 수어교사와 수어교사를 양성하는 직업 연맹 대표단에서 웹마스터로서 활약 중이다. 한 달에 한 번 있는 가족 모임도 주관한다. 청인이거나 농인이거나 무관하게 열리는 이 모임은, 농아동을 둔 청인 부모 혹은 청인 자녀를 둔 농인 부모 모두 참석할 수 있다. 청인 부모와 농인 부모 간에 서로 대화가 가능하도록 수어통역사가 이따금 동원되기도 한다. 바바라에게 취미생활이 불가능한 것은 당연하다. 하지만 그녀는 그것을 문제 삼지 않는다. 일은 오히려 그녀의 즐거움이기 때문이다. 포커스파이브가 그 일례이다.

포커스뉴스 FOCUSNEWS는 2014년 여름까지는 포커스파이브의 인터넷 뉴스채널이었다. 영화의 자막 처리를 해주는 새로운 앱 개발 같은 기술 분야의 기사나, 스위스 농인협회의 새로운 프로젝트 또는 농인이나 난청인이 겪는 지구촌에서 일어나는 다양한 차별(비행기 여행이나 놀이공원 혹은 음식점 등 다양한 사례) 등을 보도한다.[6]

바바라도 예외가 아니게 자주 상처받는다. 모든 농인이 겪는 어려움으로, 청인이 에워싸고 음성언어를 주고받을 때 농인이 전혀 배려되지 않는 상황이 대표적인 예이다. 그 난처한 입장을 표명하면 벌써 한 30분 정도 진행된 대화를 기껏해야 몇 마디 단어로 요약해 주는 것이 전부이다. "...에 관한 이야기를 하고 있어." 그녀가 어릴 때 있었던 경험은 여전히 가슴 아픈 기억으로 남아있다. 무슨 이야기를 나누고 있는지 이야기해 달라고 청하면 늘 받던 대답이 있다. "어차피 넌 이해 못 할 텐데 뭘" 도대체 무슨 이야기를 이해해야 하는지조차 설명해 주고자 하는 사람이 하나도 없었을까? 바바라는 이제 더 이상 그따위 변명을 허용하지 않는다. 그녀의 자신감으

---

[6] 재정적인 이유로 포커스뉴스는 재조정이 불가피했다. 수어 제작물이 정부나 공공기관의 재정 지원을 받는 프랑스어권 스위스를 비롯한 다른 나라들과는 달리, 포커스뉴스팀은 오늘까지 몇몇 재단의 기부금에 철저히 의지해 왔다. 이제 좀 더 장기적이고 안전한 재정 확보를 위해 모색 중이다.

로 차단해 버린다. 그녀의 지적 호기심은 끝이 없다. 일상에서 혹은 일터에서 자신이 모르는 표현을 만나면, 그 의미를 찾아 구글과 위키백과 아니면 레오사전을 끝까지 뒤진다. "넌 어차피 이해 못 하잖아"라는 말 따윈 이제는 더 이상 그녀에게 할 수 없다▶4. 그리고 한 가지 소원이 있다면, 농아동들도 평등하게 일반 학교에서 수업을 받는 것이다. 그에 해당하는 열쇠는 바로 통합, 다양한 개인이 모여 함께 하는 것이 모두에게 윤택함을 의미한다. 청인 어린이는 농인 어린이에게서 배우고, 농인 어린이는 청인 어린이에게서 배우는 등 청인과 농인 교사의 지지 하에 모두가 함께 배우는 것▶18. 그것은 이 사회가 추구해야하는 중요한 지향점이다.

바바라는 젊은 나이에 많은 것을 이루었다. 여러 가지 전공을 성공적으로 마쳤고, 다양한 직업이 주는 도전도 즐긴다. 농인 사회 기여를 위해 활발히 일하고 행복한 가정도 꾸리고 있다. 그것이 그저 당연한 것만은 아니라는 것을 잘 알기 때문에 늘 감사한 마음이다. 농인 젊은이는 제대로 된 학교와 교육, 좋은 직장을 구하기 위해 자갈밭 길을 지나야 한다. 많은 이들에게 바바라는 포커스파이브의 사회 진행자로, 수어 옹호자로서 하나의 역할 모델이다. 그 사실을 그녀도 잘 알고 있다. 그래서 바바라는 어려운 상황에서도 용기를 잃지 않기를 당부한다. 직업교육 자리를 찾는 일이 뜻대로 되지 않을 때, 혹은 농인이라는 이유로 존중받지 못할 때, 아니면 직장 상사와 문제가 있더라도 말이다. 바바라도 학교에서 직업교육을 받으며 휘청거릴 때면 이를 악물어야 했다. 그래도 절대 포기하지 않았다. 그녀가 탁월한 인내심과 끈기를 타고난 것은 분명하다. 하지만 의지력이 그만 못한 사람들도 있다. 바로 그런 사람들을 그녀는 돕고 싶은 것이다. 장애인를 위한 비장애인의 역할을 이야기하는 시대는 이미 지나갔다고 그녀는 강조한다. 이제는 청각 장애인이거나, 시각 장애인, 혹은 지체장애인이거나 바로 그 당사자인 본인이 스스로 자기 일을 해결할 수 있어야 한다. 어쩌면 바바라가 언젠가 정당에 들어가 정당한 사회정치를 위해 일할 날이 올 수도 있을 법하다.

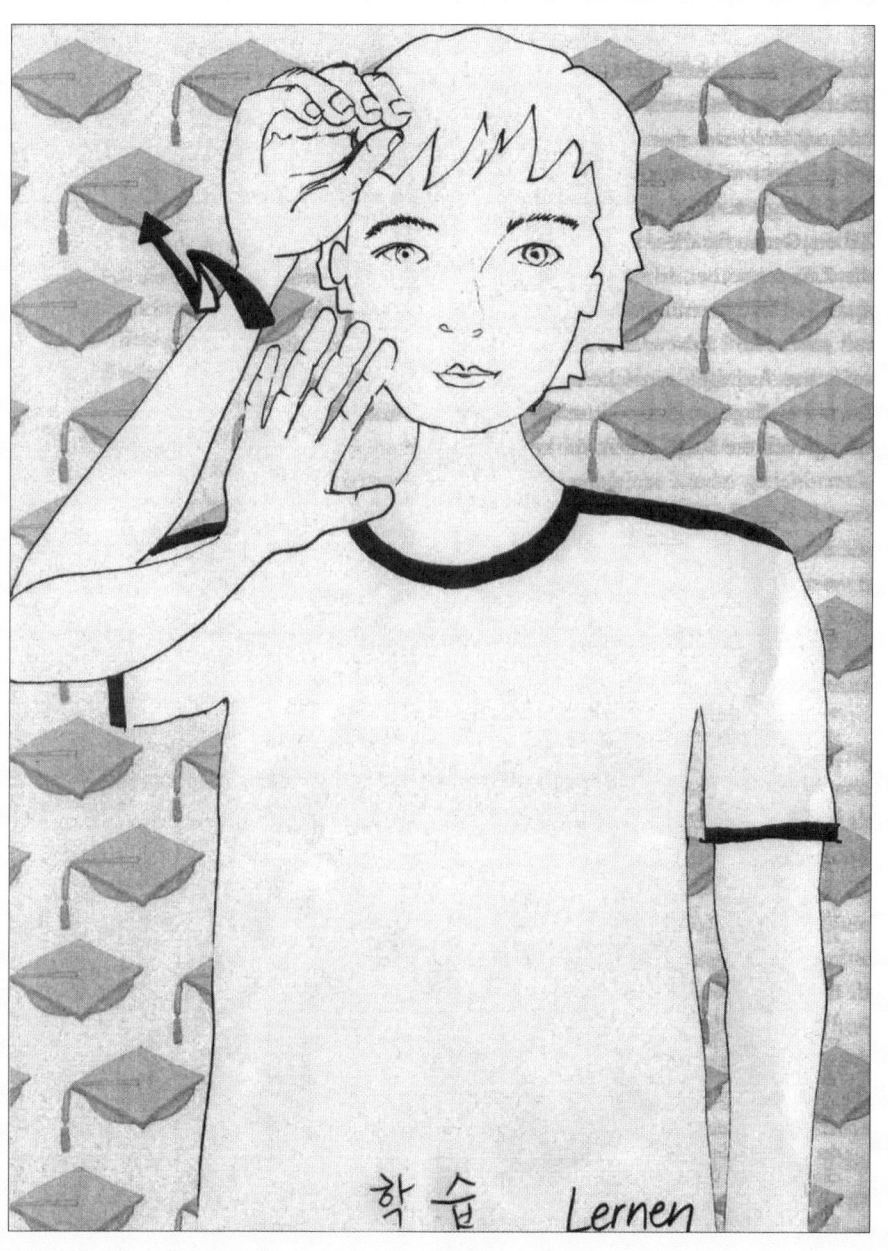

학습   Lernen

차별

차별이란 단어를 어떻게 정의할 것인가? 어떤 경우를 차별당한다고 간주할 수 있는가? 수어가 130년 동안 학교 교실에서 철저히 금지당한 사실을 차별이라 말할 수 있을까? 수어하는 사람을 노골적으로 바라보고 있는 것을 차별 행위라고 볼 수 있는가? 농인 학생이 최종 평가시험에서 청인 학생보다 더 많은 시간을 할애 받지 못하는 것은 차별인가? 이 단어는 주관적인 측면으로 논하기에는 너무 어려운 개념이다. 따라서 스위스 연방헌법은 차별금지 조항을 통해 차별에 대한 정의를 공식적으로 다뤘다.

연방헌법 8항 2조는 다음과 같이 규정하고 있다.
'누구든지 출신, 인종, 성별, 연령, 언어, 사회적 지위, 생활 형태, 종교, 세계관 혹은 정치적 신념이나 신체·정신·심리적 장애로 인하여 차별받지 아니한다. 장애인 차별행위에는 장애로 인해 불평등한 대우를 표현하는 법이나 결정뿐만 아니라 특정 상황에서 장애인을 충분히 배려하지 않는 일반적인 규칙도 해당된다. 연방헌법은 장애인을 이러한 두 가지 형태의 직간접적인 불평등 대우로부터 특별히 보호한다. 연방헌법 차별 금지 조항은 국가업무를 실행하는 과정에서 신체·정신·심리적 장애를 가진 사람에게 발생하는 불평등한 대우는 특별히 주의 깊게 검토되어야 한다고 명시한다. 만일 이러한 불평등 대우가 어떠한 형태로든 발생 될 시에는 반드시 타당한 근거가 있어야 하며, 정당한 이유가 제시되지 않는 한 그 행위는 헌법이 금지하는 차별로 간주한다.'❶

스위스의 장애인 평등법이 효력을 얻은 지 십여 년이 되어간다. 특별히 네 가지 주요 영역에서 연방헌법의 평등권이 구체화되고 불평등 처우에 대한 규정이 실행되게 된 것이다.

'공공장소나 시설 혹은 서비스, 학교와 직업교육, 대중교통 이용에서 방해 요소는 제거되어야 한다.'❷

학교와 직업교육에서의 차별은 청각장애인에게 있어서 가장 중요한 논제다. 교육, 지식, 소통의 기회를 어려워지게 하는 원인과 직결되기 때문이다.

'소통은 모든 사회관계의 기초이다. 정보교환과 문화 참여를 가능하게 해주기 때문이다. 한 개인의 독립성은 정보 접근 가능성 유무에 크게 의존한다. 인터넷과 새로운 정보 테크놀로지의 개발로 인해 사회적 활동 참여와 독립적인 일상생활 영위를 가능케 하는

---

❷ 장애인 인권상담소 연구 자료 www.edi.admin.ch/ebgb (2014.03.26)

❷ www.edi.admin.ch/ebgb 테마-평등과 권리 (2014.03.26)

소통의 중요성은 점점 증가하고 있다.

언어나 청각 그리고 시각 장애인은 소통을 어렵게 하는 많은 장애에 부딪힌다. 그에 따른 어려움은 상황과 장애의 종류에 따라 다양하게 나타난다. 청각장애인에게 소란스럽고 조명이 나쁜 환경은 소통에 어려움을 초래할 수 있다. 대부분의 농인은 문어 독해력이 부족하기 때문에 수어가 동반되면 큰 도움을 받을 수 있다. (…) (이렇게 어려워진 소통은) 사회적 고립과 일상생활을 독립적으로 영위할 수 없는 결과를 초래할 수 있다. 그러나 이러한 많은 장애물은 시정될 수 있다.'[3]

많은 청각장애인에게 수어는 사회·문화적 생활에 참여하기 위한 필수 조건이다. 누구든지 언어의 문제로 차별을 당해서는 안 되는 이유로 스위스 연방헌법은 언어의 자유를 보장한다. 다시 말해 2005년 취리히주와 2013년 겐프 Genf 주에서 이미 결정된 것처럼, 수어가 하나의 독자적이고 동등한 언어로 인정받아야 함을 의미한다.

스위스의 인권 단체인 휴먼라이트 Humanright.ch는 홈페이지에 이렇게 표현하고 있다.

'언어의 자유는 의사 표현의 자유, 언론의 자유, 예술의 자유 등 많은 근본적 권리의 전제조건이 된다. 이러한 자유는 민주적인 절차에서 자기 의사 표명과 관철을 가능하게 해준다. 이 언어의 자유는 또한 문

---

[3] www.edi.admin.ch/ebgb 테마-평등과 소통
(2014.03.26)

화 활동 참여와 교육의 향유 그리고 더 나아가서는 취업도 가능하게 한다. 이 분야에 관해서는 유엔 장애인 권리 협약에 장애인 보호를 위해 명백하게 공시하고 있다.'❹

❹ 2013년 12월 13일 스위스 연방의회가 유엔 장애인 권리 협약 가입을 결정한 후 2014년 4월 15일 스위스는 뉴욕에서 비준되었다. 장애인 보호를 위한 유엔 장애인 권리 협약에 관해서는 일러두기 33번 참조.

파트릭 목
PATRICK MOCK

1986년생

파트릭 목은 한 번 뜻을 세우면 그 계획을 관철할 방법도 반드시 찾아내고 만다. 루체른 Luzern주 에멘 Emmen에 있는 루악 아비에이션 RUAG Aviation(역자 주: 항공 산업체)에서 설계 엔지니어 인턴 자리를 얻을 때까지 그야말로 부단한 노력으로 일자리를 찾았다. 농인이기에 조금 더 단순한 직업교육을 찾으라는 주위의 권고에도 불구하고 말이다. 지금은 학업이라는 또 다른 목표를 달성하기 위해 고군분투하고 있다. 농인이라는 이유로 스위스 경영정보공학대학 Wirtschaftsinformatikschule Schweiz 입학이 거절당했을 때, 그는 곧 취리히 외어리콘 청각장애인을 위한 직업학교 입학시험을 치기로 했다. 그곳에서 대학 입학 자격시험을 준비하고자 함이다. 그의 장기적인 목표는 다름 아닌 전문대에서 학업을 계속하는 것이다.

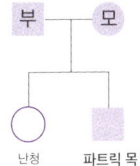

* 남자 □, 여자 ○
  농인 ——, 청인 ——

청인이 농인과 대화할 때 주의해야 할 원칙들이 있다▶27. 그것은 다름 아니라 표준어를 사용할 것, 얼굴을 마주 보고 이야기할 것, 보통 음량으로 이야기할 것, 말하는 사람의 입을 가리지 말 것 등이다. 파트릭 목은 그보다 우선해 청인에게 추가하고 싶은 요청이 하나 더 있다. 청인이 처음 만나는 농인과 대화하는 것을 두려워할 필요가 없다는 것이다. 위에서 열거한 그 모든 주의 사항을 따르는 것보다 더 중요한 것은, 청인과 농인의 만남 자체를 가능하게 하는 것이 전제되어야 하는 것이기 때문이다. 농인과는 상대하고 싶어 하지 않는다거나, 농인이란 사실에 대화가 즉시 중단되는 일이 없이 말이다.

최근에 파트릭은 똑같은 상황을 경험했다. 상점에서 물건을 찾던 어떤 할머니가 파트릭에게 도움을 청한 것이었다. 아마도 그 할머니는 자신이 찾는 물건이 어디 있는지를 물었던 것 같다. 그런데 파트릭은, 짐작건대 스위스 독일어를 사용하신 그 할머니의 입 모양을 읽을 수가 없었다.▶24 그는 자신의 목소리로 죄송하다, 자신은 농인이라 방금 한 말을 이해 못 했다고 대답했다. 파트릭이 표준 독일어를 사용해달라 청하려던 찰나에, 그 할머니는 성급히 자리를 피하며 "관두세요!"라고 중얼거리고는 그렇게 한참을 계속해서 물건을 찾았다.

청인이 농인과의 대화를 꺼리거나, 심지어 두려워하는 것을 파트릭은 이해할 수 있다. 처음 농인을 맞닥뜨렸을 때 어떻게 처신해야 할지 난감할 수도 있을 테니 말이다. 하지만 파트릭은 이렇게 역설한다. "청인도 사람이고 농인도 사람이 아닙니까? 두 사람이 정말 대화를 원한다면 방법이야 반드시 있기 마련이지요."

파트릭 부모님도 농인이고 자신도 농인▶15, 17으로 태어났고, 그에게 농인이란 존재는 자연스러운 것이었다. 가족의 공용어는 수어▶14였다. 그의 부모가 음성언어를 쓴다면, 그것은 어디까지나 파트릭 보다 두 살 반이 많았던 난청인 누나와 대화를 나누기 위해서였다. 가족 중에서 누나만 수어에서 제외되었다. "당연히 누나도 수어는 어릴 때부터 잘했어요. 그런데 이제는 청인 사회에 속하게 되면서 '음성언어 억양'이라는 것이 누나한테 있는 거지요. 그래도 누나는 여전히 수어를 아주 잘하고, 제가 친구들과 수어로 소통하는 것도 쉽게 이해해요. 하지만 누나가 음성언어를 얼마나 잘 구사하는지는 저로서는 도저히 알 수 없지요."라고 그는 말했다. 파트릭이 지적하는 누나의 억양이 정확히 어떤 것을 의미하는지는 말하기 어렵다. 어쩌면 음성언어의 평면적인 구조❶에 누나의 수어가 영향을 받았을지도 모른다. 아니면 표정과 몸짓의 섬세함에 차이가 있다는 이야기일 수도 있겠다. 어쨌거나 그녀의 수어 실력은 줄어들었는데 그것도 당연한 일이 아니겠는가? 심지어 모국어라 할지라도 자주 사용하지 않는 언어는 자연히 퇴보하기 마련이다. 또한 언어를 너무 늦게 배우면, 특히 난청인이나 농인이 늦게 수어

---

❶ 음성언어는 구술된 단어들이 일렬로 나열되는 반면, 수어에는 다양한 요소들이 동시에 더 첨가된다. 이를테면, 몸짓, 표정, 자세 그리고 시선의 방향 등이 모두 함께 의미를 부여한다.

를 익히면, 어릴 때부터 배운 사람들과는 다르게 자신의 언어로 만들기가 어려운 것이다. 파트릭도 그 차이를 즉시 실감한다고 했다. "수어를 늦게 배운 사람들과 수어로 소통하려면 집중력이 많이 필요해요."

파트릭이 듣지 못한다는 사실이 출생 직후에는 눈에 띄지 않았다. 하지만 그의 부모는 얼마 후 파트릭이 그의 누나의 발육과정과 비교할 때 행동 양상이 어딘가 다르다는 것을 눈치채고 진찰받게 했다. 청력검사 후 아이가 농인이란 진단을 받았고, 의사는 그의 부모에게 아이를 또 낳게 된다면 그도 역시 농인일 가능성이 높다며 농인인 그의 어머니에게 아이를 더 갖지 말라고 충고했다. 상상도 할 수 없는 일이지만 불과 30년도 채 안 된 때의 일이다.

여느 아기들처럼 한 살 무렵에 파트릭도 말을 하기 시작했다. 차이가 있었다면 음성언어 단어들이 아니었다는 것이다. 그가 구사한 수어 중에 의미 있는 첫 단어들은 '고양이', '쥐', '개', '토끼', '사자' 같은 동물들의 이름이었다. 두세 살이 되었을 때 조부모, 이웃, 거리에서 보는 사람들 같은 주변 사람들과 자기 가족이 무엇인가 다르다는 사실을 깨닫는다. 어떤 결핍을 감지했다. 그러던 어느 날 그는 어머니에게 왜 다른 사람들은 자기와 같이 소통하지 않느냐, 왜 그렇게 낯설게 행동하느냐고 물었다. 그런 아들에게 어머니는 이렇게 대답했다. "저 사람들이 다른 것이 아니라, 우리가 다른 거야. 우리는 농인이거든."

학교와 일터에 널려있는 수많은 걸림돌에도 불구하고, 파트릭은 '나는 부족한 것이 없어. 내 모습 이대로가 좋아.'라는 긍정적인 사고를 잃지 않았다. 그는 자신을 청각장애인 내지 청각에 '손상이 있다'든가 그로 인해 '제약을 받는 사람'으로 간주하지 않는다. 오히려 자신이 본인의 능력에 상응하는 개발의 기회를 받지 못했다고 표현한다. 유아기 시절 그는 의사로부터 보청기 두 개를 처방해 받기는 했지만 정작 언어교육을 위해 큰 도움이 되지는 못했다. 기껏해야 운이 좋으면 인사할 때, '안녕하세요'로 짐작되는 단어를 아주 불분명한 소리로 들을 수 있었을 뿐 음절 하나하나를 분명히 구분해 들을 수는 없었다. 또한 아주 일찍부터 시작한 언어치료도 자신의 지적 능력을 향상시켜 주지 못했다. 그저 소리 내어 발음▶1하고 입 모양을 읽고▶24 하는 것이 전부였기 때문이다. 학교에서조차 그는 적합한 지도를 받지도 못하고, 오히려 방해만 될 뿐이었다. "그만둬. 어차피 넌 못할 텐데 뭐, 듣지도 못하는 아이가!" 그를 오히려 격려했더라면 훨씬 더 효과적이지 않았을까? "어서, 다시 한번 해 봐. 넌 할 수 있어!"라고 말이다. 돌이켜보면 농인이라는 이유로 청각장애 아동을 위한 특수학교 교과과정이 아니라 그냥 일반 학교에서 정규 교과과정을 이수했더라면 더 좋지 않았을까 싶다. 학교를 첫 출발하는 순간부터 곁길을 만들어 놓고 딴 길을 가게 하니, 농인들은 전문대나 대학 같은 고등교육을 받을 기회가 더욱 희박 할 수 밖에 없는 것이다. 음성언어 습득에만 열중한 나머지 기타 과목들에는 소홀하거나 완전히 생략해 버리는 것은 옳지 않다. 파트릭이 다닌 학교에서는 프랑스어는 필수과목이 아니었다. 그의 의견에 따르면 음악 같은 과목도 그렇게 생략하는 것이 아니라, 수어로 표현하는 리듬이라든지 수어 가스펠 등으로 대체해야 했다.

파트릭은 다섯 살이 될 때까지 그가 살던 동네 크리엔즈 Kriens에서 청인 아이들과 함께 놀다가 루체른 주 호헨라인 Hohenrain 농인 학교 부설 유치원에 입학했다. 지금의 호헨라인 특수학교 센터의 전신이 되는 이 학교에서 초등학교까지 마쳤다. 셔틀버스를 타고 등하교했다. 당시 학교에서는 음성언어로 수업했고, 이따금 손동작이나 몸짓이 사용되어 이해를 도왔지만, 정식 수어는 사용되지 않았다. 수어는 아이들이 서로 마음껏 대화하는 쉬는 시간에만 허용되었다. 그나마 때때로 선생님들로부터 이렇게 지적을 받았다. "음성언어로 대화해. 수어는 좋지 않아!" 하지만 정작 학생들은 아랑곳 하지 않았다. 수업 틈틈이 가진 휴식 시간은 학생들에게 그만큼 절실했다. 또렷하지도 분명치도 않은 발음으로 이야기하는 선생님들의 입 모양을 읽어 내려면 엄청난 집중력이 요구되었고, 그로 인해 아이들은 진이 빠져 오히려 수업에 집중이 어려웠기 때문이다. ▶4

파트릭이 저학년이었을 때 그의 반―학생 수가 총 다섯 명이었다―에서는 그가 유일하게 가정에서 수어를 쓰는 학생이었는데, 그로 인해 그는 문제없이 아주 자연스럽게 소통할 수 있었던 것이다. 다른 학생들과는 달리 그는 입학 당시에도 언어발달 지연 등의 문제가 전혀 없이 수어를 잘 할 수 있었다. 그 때문에 파트릭은 종종 중개자 역할이 되어서 간단한 신호나 선생님의 등 뒤에서 제대로 된 수어를 이용해, 진행되고 있는 이야기의 힌트를 학급 친구들에게 알려 주기도 했다. 그래서 그는 늘 수업에 만족하지 못했고, 그의 지적 호기심이 충족되지 못했다. 그가 우수 학생 학급으로 편성이 되고 나서부터는 상황이 좀 바뀌는 듯했다. 하지만 그는 수학과 기하학, 지리를 아주 좋아했는데 애석하게도 이 과목들의 수업 시간은 적었고, 언어와 언어치료 수업이 대부분의 시간에 할애되었다. 독일어 시간이면 학생들은 늘 긴 본문을 베껴 적어야 했고, 집에 가서 암기해서는 그 다음 날 종이 위에 익힌 본문을 다시 적어 내려가야 했다. 그 본문의 내용이 어떤 것인지에 관해서는 전혀 거론되지 않았고, 문법에 관련된 질문에는 선생님들도 명쾌하게 답변해 주지 못했다. 읽기 시간도 크게 다를 바 없었다. 학생들은 그저 기계처럼 행위만 했고, 발음 연습에만 중점을 두고 독해력이나 문법은 관심 밖이었다. 그저 언어를 구사하는 기술에만 몰두한 나머지 언어이론이나 토론, 일반상식 같은 중요한 내용들은 소홀히 된 것이었다. 다행히 파트릭은 가정에서 부모님과의 대화를 통해 학교교육에서 부족했던 것을 보충할 수 있었다.

초등학교 6년 과정을 마친 파트릭은 호헨라인에 있는 학교에서 1년 동안 상급학교 준비 기간을 가졌다. 상급학교 입학시험에 불합격한 것이 그 이유였다. 그리고 나서 오늘날 Sek3(농인 학교)의 전신인 취리히 볼리스호펜에 있는 농인 학교에서 3년 동안 중학교 과정을 밟게 된다. 파트릭에게는 반가운 변화였다. 호헨라인과 그 따분한 초등학교와는 결별이자, 자신에게는 도전이 되는 상급 학교생활을 대도시에서 시작하기 때문이었다. 그 3년 중 첫해에는 크리엔즈에서 취리히까지 매일 통학했고, 그러다가 시내 한복판에 있는 주거 공동체로 들어갔다. 그는 아주 행복했다. 자신의 실력을 키워 주는 학교 수업도 마음에 들었다. 이제 외국어도 교과과정에 포함되었다. 영어는 필수과목, 프랑스어는 선택과목이었는데, 당시 영어 수업 때문에 너무 바쁜 나머지 프랑스어를 포기할 수밖에 없었던 것을 이제 와서는 후회한다. 하지만 그것도 지극히 타당한 것이, 들을 수 없는 사람이, 예를 들면 'thought(생각하다의 과거형)'와 'vegetable(야채)'과 같은 영어 단어를 발음하는 방법을 어떻게 배울 수 있겠는가? 하늘의 별을 따는 것과 다름없었다. 그런 이유로 외국어 수업은 발음보다는 독해와 작문에 중점을 두었다. 중학교 과정이 끝날 무렵 직업교육 자리를 찾는데 파트릭은 많은 시간을 소요해야 했다. 그가 견습을 한 분야도 다양했다. 난방설비 기술자, 자동차 정비사, 전자 기술자, 구조 제도사, 설계 엔지니어 등이 그것이었다. 마지막 두 직업은 특별히 그의 관심 분야이기도 했다. 하지만 장애 보험청의 직업상담소는 그가 원하는 직업의 수준은 농인에게는 적합하지 않다며 포장 기술자 같은 단순직으로 시작하여, 차차 실무 경험과 연장 교육을 통해 이력을 쌓기를 권했다. 그편이 그에게 적합할 것이라면서 말이다. 적합이라니, 파트릭은 그 일에는 관심이 전혀 없었는데 말이다! 그는 그런 권유에도 개의치 않고, 구조 제도사나 설계 엔지니어 교육 자리에 지원했다. 그러나 여러 회사에서 거절만 당했고, 그는 3학년 과정을 1년 더 되풀

이해야 했다. 설계 엔지니어 교육 자리를 위해 서른 군데 회사에 지원했는데, 단 두 군데에서만 견습을 오라는 연락을 받았다. 엘리베이터 제조업체인 쉰들러 Schindler와 항공기 산업체인 루악 에비에이션 RUAG이었다. 수습생 트레이너의 마음에 들었기에 성사가 될 듯싶었지만, 입문 과정을 담당한 강사가 거절을 했다. 거절 사유는 스위스 독일어 구사 능력이 교육 입문 과정을 위해 회사가 요구하는 조건 때문이었다. 직업교육도 아니라 단지 입문 과정 때문이라는데 도대체 무슨 관련이 있는지 알 길이 없었다. 수어통역사를 부르면 되었을 텐데 말이다. 너무나 구차한 변명이었다. 파트릭은 계속해서 일자리를 찾았고, 학년말 몇 달을 앞두고 드디어 에멘에 위치한 루악 에비에이션에서 인턴 자리를 얻게 되었다. 파트릭은 일주일간의 견습 기간을 흡족하게 마치고 나서, 뿌듯한 마음으로 그곳에서 일할 의사를 밝혔다. 루체른 교육청의 허가를 받고 파트릭은 중학교 과정을 조기 졸업했다. 그리고 얻은 자유가 얼마나 달콤했던지! 며칠 동안 베를린으로 여행을 다녀오고 나서 이제 그에게 펼쳐진 그 나머지 인생은 그저 만끽할 일만 남아 있었다.

설계 엔지니어 교육은 4년이 걸렸다. 농인인 그가 처음으로 청인들의 노동시장에서 자기 능력을 입증해야 하는 때가 온 것이었다. 쉽지는 않았지만 해낼 수 있었다. 직속 상사와 동료들의 보호와 존중을 받기 때문이었다. 동시에 그는 취리히 외어리콘에 있는 청각장애인을 위한 직업학교에 다녔다. 청각장애학생들 중 유일하게 농인으로 파트릭은 수업을 따라가기 위해 많은 노력을 해야 했다. 농인이 어떻게 외국어 발음을 배울 수 있겠는가? 수어의 도움 없이 그것이 가능한가? 그는 영어 선생님에게 자신이 영어 단어들을 정확히 발음하는 것이 불가능하다고 알려 주었다. 영어 선생님은 파트릭의 의견을 존중해 주었고, 그때부터 영어 발음 연습에서 그를 제외했다. 그때 같은 반 난청인 학생 하나가, 나중에 영국인이나 미국인과 어떻게 의사소통을 할 거냐 묻자 파트릭은 하고 싶은 말을 다 메모해서 보이거나 몸짓으로 표현하면 된다고 대답했다. 거기까지는 좋았다. 한 번은 파리로 졸업여행을 간 적이 있다. 모두 간이음식점에 앉았다. 파트릭은 메뉴판의 사진을 가리키며 음식을 주문했고, 반면에 난청인 반 친구들은 용기있게 프랑스어로 음식을 주문했지만 유감스럽게도 종업원이 그들의 발음을 알아듣지 못했다. 결국 반 친구들도 파트릭처럼 제스처로 의사소통해야만 했다. 그는 웃음을 참을 수가 없었다. 수업 중 얼마나 많은 시간을 발음 연습을 하며 보냈지만 그 결과가 무엇이란 말인가? 그 많은 노력에도 불구하고 소통은 결국 불가능했던 것이다.

파트릭은 공공장소에서 수어 하는 것을 부끄러워하지 않는다. 그가 자기 가족과 소통할 때마다 청인들로부터 '원숭이 언어'라 경멸 조로 불리는 그 수어가 그는 오히려 자랑스럽다. 자기 누나가 주변에서 사람들이 수군대는 소리를 듣고, 파트릭에게 그들이 비난 조로 던진 말들을 전했을 때도 파트릭은 이렇게 대답했다. "다채롭고 창의적인 '원숭이 언어'를 잘 구사하는 사람이 그까짓 '앵무새 언어'를 하고 싶겠어?"

파트릭은 직업학교에서도 기죽지 않고, 4년 만에 성공적으로 학업을 마쳤다. 그리고 나서 다시 루악에비에이션에서 일을 할 수 있었다. 당시 노동시장의 형편이 그리 좋지 않았는데, 파트릭이 마음에 드는 일을 할 수 있었던 것은 정말 다행스러운 일이었다. 그럼에도 불구하고 그의 안에서는 자신의 지경을 넓히고자 하는 바램이 싹트기 시작했고, 다시 적절한 직업교육 자리를 혼자서 찾기 시작했다. 그가 몸담은 회사의 도움은 기대하기가 힘들었다. 농인 직원의 자기 개발을 돕는 방법을 아는 사람이 아무도 없었다. 결국 자기 길을 스스로 개척해야 했다. 먼저 어떤 분야를 찾아야 할지 자문했고, 컴퓨터 공학도가 되어서 나중에 농인을 위한 컴퓨터 소프트웨어를 개발하고, 농인 공동체에 기여를 하면 어떨까 하는 생각에 미쳤다. 컴퓨터 공학 분야에서 공부를 계속할 기회를 찾던 중, 스위스 산업 컴퓨터 공학대학 WISS이 눈에 들어왔다. 파트릭은 수어통역사를 대동하고 이 학교 학장을 만나 면담을 했다. 처음에는 학장이 잠시 우려했지만, 이내 대화는 잘 진행되었다. 희망에 가득 차 파트릭은 귀가했다. 얼마 가지 않아 그는 학교로부터 편지 한 장을 받았다. 그에게 그 대학에서 컴퓨터 공학과 편입을 허가한다는 내용이었다. 그런데 그 이후로는 아무 연락이 없었다. 이메일은 커녕 아무 소식도 없이 연락이 두절되었다. 파트릭이 다시 연락을 취해 알아본 결과, 그사이 새로 왔다는 학장이 답장을 보내 왔지만, 파트릭은 도저히 이해할 수가 없었다. "우리 대학에서는 농인을 학생으로 받을 수 없습니다." 기계적인 용어들은 수어로 표현하는 것이 불가능하다는 것이 그 이유였다. 황당한 일이었다. 수어를 전혀 모르는 학장이 그 불가능 여부를 어떻게 판단할 수 있겠는가? 모든 시도가 허사가 되자, 파트릭은 에갈리떼 핸디캡 Égalité handicap[2]이라는 장애인의 평등과 권익을 담당하는 상담소를 찾아가지만, 그곳에서도 도움을 받지 못했다. 이렇게 개인적인 경우에는 학교 측 결정에 맞설 만한 그의 법적 권리가 너무 미약하다는 이유였다. 납득이 가지는 않았지만 파트릭은 받아들여야 한다고 생각했다. 그러고는 다시 원점으로 돌아가 새롭게 공부할 분야를 찾았다. 그러던 중 우연히 청각장애인 학교에서 제공하는 대학 입학 자격시험 과정을 듣게 되었다. 이 과정을 이수하면, 남들이 결정해 주는 단순한 직업이 아니라 다양한 분야의 전문 대학으로 들어가는 문이 열리는 것이다. 파트릭은 대학 입학 자격 시험 준비 과정을 신청했다. 그것만으로도 의미가 있는 것이, 자신의 학창 시절 중 처음으로 수어 구사 능력이 있는 교사로부터 수업을 받게 되는 것이었기 때문이다. 독일어와 영어 두 과목에서 말이다. 이제 그는 앞으로 시험에 합격해서, 2년간 파트타임 교육을 받으면서 동시에 루악에서 계속 일을 할 수 있기를 고대한다.

그렇다면 여가는? 파트릭은 종종 농인 친구들을 만나러 취리히나 베른으로 갔다. 함께 카페를 찾아다니며, 수다도 떨고, 토론도 했다. 물론 수어로 말이다. 수어는 자신의 모국어이자, 깊이 있는

---

[2] 이 장애인 기관은 2014년 6월에 'Integration Handicap'이란 새로운 우산 조직에 통합된다.

관계와 대화를 위해서는 필수조건이다. 그에 반해 그가 음성언어를 하게 되면 항상 그 한계에 부딪히고 마는데, 특히 정치나 사회적인 이슈를 가지고 토론하게 될 때이다. 가끔 파트릭은 아주 멀리 세계 일주를 하기도 했다. 작년에 아주 친한 농인 친구와 한 달 동안 인도로 여행을 다녀온 일이 있다. 아주 근사한 경험이었다. 그는 등산과 요리를 좋아하고, 자막 처리가 되어있는 방영물이 있다면 TV 시청도 즐겨 한다. 다행히 몇 년 전부터 자막 처리가 된 스위스 방영물의 수가 급격히 증가하고 있다. 이 모든 것이 장애인 평등법 덕택이겠지만, 상황이 더 개선되었으면 하는 바람이 없지 않다. 구체적으로 스위스 방송국에서 자막 처리된 방영물을 민영방송에 무료로 제공한다면 좋겠다. 스위스 방송국 SRF이 방송 수익에는 연연하면서도, 정작 팔리지 않는 방영물에 대해선 대책이 없는 것이 아닌가? 농인도 청인과 동일하게 라디오와 TV 시청 요금 납부를 통해 자막 처리에 재정적인 일조를 하는데도 불구하고, 농인은 여전히 그 혜택에서 제외되고 있는게 현실이다.

또다른 시급한 문제는 농인을 위해 영화관의 모든 영화가 자막 처리되어야 한다는 점이다. 몇몇 영화관에서는 자막 처리된 영화가 점점 줄고 있다는 우려가 있다. 파트릭이 극장 업체들을 통해 그 이유를 알아본 결과는 이렇다. 많은 청인이 더빙을 선호한다는 것이다. 그렇다면 누가 농인을 고려할 것인가? 영화관에서 자막없이 더빙 처리된 영화만 상영된다면 농인들은 흥미를 잃게 된다. 파트릭도 어릴 때는 자막 없는 영화를 본 적이 종종 있다. 만화영화를 아주 좋아했기 때문이다. 하지만 당시 영화에서 말하는 인물이 무슨 이야기를 하는지, 어떤 장면이 전개될지를 그는 상상만 할 따름이었다. 훗날 똑같은 영화를 자막과 함께 보았을 때 자신이 지어낸 이야기와는 전혀 다른 내용이었음을 확인했었다. 그런데 솔직히 자신이 지어낸 이야기가 훨씬 재미있었다. 한 아이가 어떤 유희를 누리는지는 어른들은 상상도 할 수 없다. 어느 누가 박진감 넘치는 영화를 무성으로 듣고 싶을까? 그런 의미에서 자막은 필수다. 파트릭은 애써서 자막을 읽는다. 도대체 청인에게는 왜 자막이 문제가 되는 것인가? 자막을 읽는 것마저 귀찮은 것인가? 엄밀히 따지자면 청인들은 노력하지 않고도 자연스럽게 자신들의 모국어를 읽을 수 있지 않은가? 농인이 화면과 자막을 동시에 읽어야 하는 것은 결코 간단한 일이 아니라는 것을 알아야 한다. 모국어인 독일어조차 농인에게는 외국어 ▶20나 다름없기 때문에 어휘를 늘 익혀야 한다. 파트릭도 독일어 어휘력을 늘리기 위해 의지적으로 여러 해를 걸쳐 공부했다. 모르는 표현을 만나면 끈질기게 탐구했다. 그의 자연스러운 모국어는 수어였고 독일어는 제2외국어처럼 익혀야 했다. 똑같이 농인인 그의 부모에 비하면 파트릭은 특권을 부여받은 것이다. 청인 가정에서 태어난 부모는 음성언어 교육을 받다가 우연히 쉬는 시간에 학교 운동장에서 수어를 처음 접하게 된 것이었다. 그 때문에 수어 구사 능력과 어휘력이 파트릭에 비해 떨어진다. 그렇다면 부모의 음성언어 구사능력은 어떤가? 수어 때문에 방해받지 않고, 음성 언어 교육만 받고 자라며 학교에 다녔기에, 파트릭에 비해 음성 언어 실력이 더 앞서야 하는 것이 아닐까? 파트릭은 그 질문에 이렇게 대답했다. "아뇨, 제가 벌써 옛날에 따라잡았죠. 예전에는 음성 언어를 저보다 훨씬 잘 하셨어요. 제가 어릴 때만 해도 저는 모르는 단어가 있으면 부모님께 여쭤봤거든요. 그런데 제가 한 열네 살 되었을 때부터 상황이 뒤바뀌었지요. 오히려 부모님이 자주 제게 표현법을 물어 오셨고, 관공서에서 온 편지들을 해석해 드려야 했어요." 수어를 배제하고 받은 음성언어 교육▶28은 성공적이지 못했다. 수어를 금지당한 것이 그들의 언어 발달에 오히려 방해가 된 것 같다. 농인이 청인으로부터 철저한 차별을 받은 전형적인 사례로, 1880년 밀라노 회의를 들 수 있다. 청인 교육자들만 모여 결정한 사항이기 때문이다. 스위스에서도 얼마 전까지 청인 교사들이 농학생들을 교육한 것이다.

30년 전부터야 비로소 이 교육 이론은 다시 거론되면서 몇 가지 변화를 일으켰다. 오늘날에는 호헨라인의 학교처럼 스위스의 많은 농인 학교에는 농인 교사들이 있고, 수업도 수어로 진행된다. 농학생은 수어통역사의 도움으로 일반 학교에 통합되며, 혼자가 아닌 한 학급당 서너 명 비율로 반 편성이 되어야 한다. 농인 특수학교의 경우에는 모든 교직원이 수어를 할 줄 알아야 한다. 통합교육과 분리교육 관계없이 일반 학교의 공식적인 교육과정이 유지되어야 한다.

상처는 공공연한 장소에서만이 아니라 사적인 자리에서도 받을 수 있다. "가족들이 모이는 행사였는데요. 청인인 친척들이 식탁에 둘러앉아 먹고 마시며 담소를 나눴어요. 저희 농인은 그사이에 섞여 앉아있기는 했지만, 알아듣지는 못했고, 그저 먹고 마시고, 수어로 이야기를 나누며 그야말로 웃음꽃을 피웠지요. 그런데 갑자기 모두가 저희를 쳐다보는 거예요. 그러고는 누군가 짜증스럽게 묻더군요. '방금 왜 웃은 거야? 파트릭, 통역 좀 해봐. 그런데 말이야, 음성언어로 말해야 우리도 좀 함께 웃을 거 아니겠어?'" 또 흔히 있는 일이, 청인 친척들이 흥미진진한 대화를 나누고 있을 때 파트릭이 "무슨 이야기 하는 거야?"라고 물으면 누군가 이렇게 대답했다. "신경 쓰지 마. 중요한 이야기 아니니까" 중요한 이야기가 아닌데 그렇게 오랫동안 이야기를 나눴을까? 그럴 때마다 그는 혼잣말을 하고는 했다. "어차피 알아듣지를 못하는데 상관할 게 뭐람?"

파트릭이 당시 아직 어린 나이에 그런 당찬 반응을 보일 수 있었던 것은, 그가 정적의 세계에 외톨이가 아니라 자기처럼 농인인 부모와 함께 삶을 나눴고, 부모가 그를 이해해 줬기 때문일까? 그가 곤경에 처하고 근심이 있을 때마다 부모가 함께 고민하며 곁에 있어 주었기 때문일까? 그가 중학교 때 한 선생님이 파트릭의 부모에게 파트릭이 보청기를 거부한다고, 아이에게 보청기가 얼마나 중요한지를 납득시키며 불평할 때도 그의 부모는 그의 편이 되어 주었던 것을 그는 아직도 기억한다. 보청기에서 나오는 불편한 잡음을 그의 부모도 자신들의 경험으로 알고 있어서, 아들이 그것을 거부하는 이유를 잘 이해할 수 있었다. 그 이후로 그의 보청기는 서랍 속으로 영원히 사라졌다.

일상에서 아무 생각 없이 던진 말로도 상처를 받을 수 있다. 한 번은 학교에서 싸우는 농인 청소년을 말리며 한 선생님이 이렇게 말했다. "그만둬라. 창피하게 이게 뭐냐. 다른 사람들(청인)이 듣겠다." 왜 다투는 농인이 청인때문에 자신들을 부끄러워해야 하는가? 그들의 목소리가 보통 청인과는 달라서? 청인처럼 욕설을 퍼부을 수 있어야만 농인들도 싸울 자격이 있는 것인가? 왜 농인은 청인과 똑같은 대우를 받을 수 없는 것인가? 농인이라고 특별대우를 할 필요도 없지만, 환자 취급을 할 필요도, 외계인 취급을 할 필요도 없다. 누가 수어를 한다고 해서 아이나 어른 할 것 없이 주목의 대상이 된다는 것이 예의에 어긋나는 것 아닌가? 청인들은 농인에게 궁금한 것이나 용건이 있으면, 왜 농인에게 가서 직접 말을 하지 않고 뒤에서 수군대는가? 직업교육을 받던 시절 한 동료가 그에게 와서는, 이제 더는 못 참겠다며 파트릭이 실수를 너무 많이 했다고 퍼부었다. 그는 한 마디로 어이가 없었다. 그때까지 아무도 파트릭과 그의 실수에 대해 언급하지 않았다. 그에게 와서 그 이야기를 털어놓을 때까지 왜 그리 오랜 시간이 걸린 것일까?

때때로 농인들 사이에도 시기 질투는 있다. 예를 들어 한 농인이 성공을 하면, 대개의 경우 주변의 농인 들에게도 큰 경사가 되어 화제를 모은다. 하지만 늘 그런 것은 아니다. 어쩌면 농인이 청인 사회에서 높은 자리에 서고 그들의 관습에 맞춰 사는 걸 보면 배신감 마저 느끼기 때문일까? 아니면 그 성공한 농인이 농인 공동체를 떠나리라는 우려에서 일까? 사실 그런 염려는 정당화 될 수 없는 것이, 농인 사회는 아주 밀접하게 서로 연결되어 있기 때문이다.▶21 농인이 고등교육을 받으면 보통 자신의 능력과 자격을 청각장애인들을 위해 사용한다. 농인이 자신들의 세계에 안주하지 않고 자신들만의 문화와 정치적 목적을 청인들과 함께 교환한다면 모두에게 유익한 것이 아닌가.

농인의 정치적 목적에 대해서 스위스 농인협회▶30 헌장에는 이렇게 적고 있다: "농인은 모든 삶의 영역에서 수어를 사용할 권리가 있다. 농아동은 출생과 동시에 수어를 배우고 지도받아야 한다. (…) 농인은 청인과 동등한 교육을 받을 권리가 있다. 농인은 자기 능력에 상응하는 직업교육을 스스로 결정할 권리가 있다. 모든 농인에게 학교 교육과 연장 교육, 전업 轉業 교육(역자 주: 이미 특정 직업 교육을 이수한 사람이 직업을 바꾸기 위해 새로 다른 교육을 받는 것을 의미)의 기회는 열려 있어야 한다. 농아동은 이중언어 교육(수어와 음성언어)을 받을 권리가 있다. 그래야만 농인에게 지식과 정보 접근성 용이로 직장과 사회에서의 통합이 가능하기 때문이다."❸

이러한 헌장의 내용은 아직 현실과는 거리가 멀다. 하지만 파트릭은 2014년 4월 15일 스위스에서 비준된 유엔 장애인 권리 협약▶33을 통해 스위스 농인 상황 개선에 영향을 줄 것을 기대한다. 그럼에도 불구하고 그는 현실적이다. "사실 어떤 변화들이 올 것이며, 또 우리가 그 변화를 일상에서 체감하기까지 얼마나 많은 시간

---

❸ www.sgb-fss.ch 스위스 농인협회 헌장 중 '스위스 농인협회에 관하여' (2014년 4월 28일)

이 걸려야 할까요?"

2014년 여름 추가 기록
파트릭은 취리히 외어리콘 청각장애인 학교에서 대학입학 자격 과정을 마치고 대학입학 자격시험에 합격한다. 이렇게 해서 그의 장래 직업은 새로운 전환점을 맞게 된 것이다.

여교사 Lehrerin

유럽 공동 언어평가기준과 스위스 수어

새로 외국어를 배우고 싶거나, 다시 외국어를 수강하려면, 영어, 중국어, 스페인어 상관없이 자신의 실력에 맞는 강좌를 먼저 결정해야 한다. '영어 중급반 C1', '중국어 초급반 A1', 아니면, '스페인어 회화반 B2' 등이다. 여기서 A1, B2, C1는 GER(혹은 GeR) 유럽 공통 언어평가 기준에 근거한다. 한 언어에서 읽기, 듣기, 쓰기 말하기 능력을 A1, A2, B1, B2, C1, C2 이렇게 총 6등급으로 나누는데, 학습자의 외국어 수준을 비교 구분하기 위해 마련된 제도이다. A는 기초반을, B는 중급반을, C는 고급반을 의미한다. 가령, A2 과정을 마친 사람은 가정이나 상점, 직장에서 일상 회화가 가능하며, 자신의 출신, 교육, 취미, 요구사항 혹은 자신이 위치한 곳 등을 간단하게라도 표현할 수 있는 실력을 갖추었음을 의미한다.

　　스위스 농인협회 SGB-FSS는 수어 프로젝트 GER(스위스 독일 수어에만 한함)를 통해 수어에도 이러한 공통 평가 기준을 도입하기 위해 수고를 아끼지 않았다. 각종 수어 강좌 교재를 1에서 6등급까지 구분을 했다. 평가 결과에 의하면, 그 대부분의 수준이 A1과 A2에 해당되었다. 수어 통역 학사과정과 수어 교사로의 연장 교육 과정을 위한 교재는 아직 반영되지 못했지만, 2015년에 실행이 될 예정이다. 지금까지의 작업을 고려하면 B1과 B2의 교재는 일부 C1에 해당될 것으로 추정된다.

스위스 농인협회는 세 가지 스위스 수어 모두 차후 10년 이내에 개발할 것을 계획하고 있다. 그 명백한 목표는 다음과 같다. 음성언어와 수어의 평등화, 수어 교육을 위한· 평가 기준의 규격화를 위해서, 스위스 독일 수어를 비롯한 나머지 수어 둘(스위스의 프랑스 수어, 스위스의 이탈리아 수어) 모두 유럽 공통 언어평가 기준에 준하여 수업과 학습교재를 적용하는 것이 요구되기 때문이다. 더 나아가 수어 강좌 개념의 통일적인 기초를 마련하는 것이 당면한 과제이다. 장기적인 목표는 시험 기준을 개발 실행하고, 습득한 수어 능력을 평가하기 위한 테스트를 개발하고, 스위스 농인협회가 공식적인 인증기관으로 인정받는 것이다. 나머지 수어 둘도 이 계획에 포함된다.

위의 본문은 다음의 보고서를 바탕으로 작성되었다.
최종 보고서 '수어를 위한 유럽 언어 기준 평가 프로젝트(2011년~2012년)', 파트리샤 헤어만-쇼어즈, 토비아스 하우크, 크리스티안네 호헨스타인, 요르그 켈러. 취리히 특수교육대학 2012

파트리샤 헤어만-쇼어즈
PATRICIA HERMANN-SHORES

1961년생

파트리샤 헤어만-쇼어즈[1]는 수어와 수어 교육, 수어 통역 분야에서 두루 학위를 취득한 전문가이다. 남아프리카에서 자랐지만 14살에 그녀의 가족은 캐나다 서부로 이민했고, 파트리샤는 그곳에서 음성언어와 수어로 수업이 진행되는 알버타 농인 학교 Alberta School for the Deaf에 입학했다. 그리고 워싱턴에 위치한 난청인과 농인을 위한 갤로뎃 대학 Gallaudet University에서 교육학과 정치학을 전공했다. 그녀가 취리히에서 견습 생활 중 알게 된 남편을 따라 1991년에는 스위스로 이주해서, 1년 후에는 취리히 특수교육대학 Hochschule für Heilpädagogik에 입학해 2008년 교육학 석사를 취득했다.

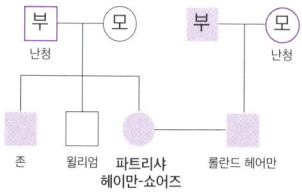

* 남자 □, 여자 ○
농인 ━, 청인 ━

[1] 패티 쇼어즈의 요청대로 작가는 2013년 6월 19일 포커스파이브 TV에 방영되었던, 그녀가 스탕코 파블리카와 나눈 대담 프로그램 내용을 일부 본문에 담았다.

내 이름은 파트리샤 헤어만-쇼어즈, 하지만 모두 나를 패티 쇼어즈라 부른다. 20년이 넘도록 취리히 특수교육대학 HfH에서 근무하고 있다. 1992년부터는 수어 교사 양성 과정 총책임자이며, 1995년부터는 동료와 공동으로 수어 통역학과 학과장직을 맡고 있다. 내가 지금도 한결같이 일 때문에 내 심장이 뛰고, 일을 통해 여전히 도전받고 있는 이유가 있다. 그것은 이 분야의 주안점이 끊임없이 변했기 때문이다. 1991년, 수어▶14에 관한 일이라면 헌신을 아끼지 않았던 카탸 티씨 Katja Tissi, 울리히 슐라터 Ulrich Schlatter, 페터 헤미 Peter Hemmi, 이 세 사람이 샤프하우젠 Schaffhausen의 우리 집을 찾아와 내가 특수교육대학 두 학과의 기초작업을 총괄해 줄 것을 요청했을 때만 해도 이 두 학과는 개척 단계였다. 1990년 울리히 슐라터와 펠릭스 우레흐 Felix Urech가 이끄는 팀은 미래의 수어 교사를 양성하는 첫 강좌를 시작했다. 그때만 해도 수어 통역은 아직 자리를 잡지 못하고 있던 실정이었다. 드디어 1986년 처음으로 전공 지망생들이 무리를 지어 입학했다. 새로운 도약으로의 설렘이 지배하는 시기이기도 했다. 이제는 수어 교과과정이 학문적인 토대와 분명한 구조를 갖추기만 하면 되는 것이었다. 그렇게 해서 적임자를 찾기 시작했는데, 되도록이면 농인이어야 하고, 수어 연구와 수어 수업 그리고 수어통역사 분야에 경험이 있어야 하며, 감독의 기능까지 해낼 수 있어야 했다. 이 조건에 내가 적격이란 의견이 만장일치를 본 것이었다. 나는 미국의 갤로뎃 대학과 캐나다에서 학사과정을 마쳤기 때문에 국제적인 인맥을 쌓고 있었고, 수어와 음성언어도 다양하게 구사했다. 취리히에서 온 대표단은 끊임없이 나를 설득했고, 결국 나는 그 요청을 받아들였다.

취리히 특수교육대학으로 오기까지 나의 삶은 굴곡도 많았고, 다사다난했다. 나는 1961년 남아프리카의 베노니 Benoni에서 삼남매 중 막내로 태어났다. 큰오빠 존과 나는 농인▶15, 17이고, 둘째 오빠인 윌리엄과 어머니는 청인이며, 아버지는 한쪽 귀가 난청이다. 나와 마찬가지로 오빠의 청각장애는 유전인자가 원인이었고, 그 사실은 오빠가 유치원을 입학할 때서야 정확히 밝혀졌지만, 어머니는 이미 오래전부터 감지하셨다고 한다. 큰오빠는 태어난 이후부터 늘 같은 나이 또래들과는 달랐었다. 그녀가 찾아다니는 의사들은 늘 부인만 했다고 한다. 결국 검사를 통해 그가 농아동이라는 사실이 드러났는데도 불구하고, 걱정할 필요 없다, 특별한 조치 같은 것도 필요 없다, 그냥 일반 유치원을 보내도 될 것이라 이야기했다고 한다. 그러고 내가 태어났고, 나마저 농아동이었다. 마침내 부모님은 생각하셨다. 농인인 두 아이 다 학교생활을 제대로 할 수 있도록 조치를 해야겠다고 말이다. 두 분이 사방을 수소문해서 정보를 수집한 결과, 베노니에는 두 아이에게 적합한 학교가 없다는 사실을 확인했다. 부모님은 더 이상 주저하지 않고 정든 집을 팔아 친척들로부터 30킬로미터 떨어진 요하네스버그 Johannesburg로 이사했다. 캐나다로의 이민을 계획하게 된 것도 바로 이 시기의 일이었다. 그에 대한 자세한 설명은 나중에 더 계속하기로 한다.

나는 소통이 무척 활발한 가정에서 자랐다. 수다, 협의, 토론 등 늘 두 가지 언어로 서로 대화가 끊이지 않았던 가족이었다. 아버지는 영어, 어머니는 영어와 아프리칸스어 Afrikaans(역자 주: 남아프리카 공화국과 나미비아에서 주로 쓰이는 세게르만어군 언어)가 모국어였기 때문에 두 가지 언어가 가능했다. 그래서 이 두 가지 음성언어는 곧 나의 모국어이다. 당시 수어는 금지되어 있었기 때문이다. ▶25 오빠와 내게 음성언어를 가르치기 위해 부모님은 모든 것을 불사하셨다. 두 분은 우리와 많이 대화하셨고, 이웃에게도 우리와 자연스럽게 음성언어로 이야기할 것을 당부해 놓으셨다. 게다가 어머니는 최선의 언어교육을 위해 존 트레이시 클리닉 John Tracy Clinic이 제공하는 농아동과 난청아동을 둔 부모를 위한 방송 통신 강좌도 수강하셨다. 그러고는 '테이블', '의자', '침대', '전등' 등의 낱말 카드를 집안 곳곳에 붙여서 우리가 문어 文語도 접할 수 있도록 하셨다. 두 분은 한 번도 우리 앞에서 언어치료사 역할을 하신 적이 없었고, 오히려 아주 자연스럽게 대하셨다. 그래서인지 나는 언어를 배우는데 ▶31 있어서 부정적인 기억이 전혀 없다. 존이 다녔던 농인 학교 세인트 빈센트 학교 Saint Vincent School에서 자원봉사를 하시던 어머니는 늘 나를 데리고 다니셨다. 당시 미취학 아동이었던 나는 그 덕분에 일찍부터 학교에 다니며 어깨너머로 교육을 받을 수 있게 되었다. 그곳에서 나는 처음으로 수어를 접하게 되면서, 큰 아이들이 수어 하는 것을 지켜보게 되었다. 더욱이 오빠는 매일 저녁 자기가 학교에서 배운 것을 가르쳐 주었다. 그 때문에 내가 입학을 할 즈음에는 이미 수어를 제법 구사할 수 있었다. 나의 수어 능력은 학교교육 때문이 아니었다. 이 농인 학교에서는 수업이 오로지 음성언어인 영어로만 진행이 되었다. 쉬는 시간과 체육 시간에만 우리는 수어로 소통했다. 또 한 가지 빼놓을 수 없는 것은, 수어를 사용하셨고, 본인이 농인이셨던 시릴 엑셀로드 Cyril Axelrod 신부(역자 주: 남아프리카 공화국 출신의 천주교 사제. 농인으로서 남아프리카, 중국 그리고 영국의 농인들을 위해 헌신했다.)에게서 우리가 종교 수업을 들었다는 사실이다. 상관인 그의 수업방식을 교사진인 수녀님들도 감히 왈가왈부할 수 없었다. 수녀님들은 그렇게 예배당의 맨 뒤 좌석에 앉아서 주시는 했지만, 신부님이 성경은 펼쳐 놓고 기독교에 관해서만 설명한 것이 아니라 자주 역사와 라틴어 수업도 한 사실은 전혀 눈치조차 채지 못하고 있었다. 우리가 신이 났던 이유는 그의 수업이 흥미진진했을 뿐만 아니라, 남아프리카 수어도 배울 수 있었기 때문이다. 남아프리카에는 수어가 여러 개 있다. 예를 들면 네덜란드 농인들의 수어, 인도에서 근원 한 수어, 그리고 줄루족의 수어가 그것이다.

이렇게 우리 남매 모두는 아프리칸스어, 영어 그리고 남아프리카 수어 SASL[2] 등 다양한 언어를 배우며 자랐다. 청인인 윌리암 오

---

[2] 남아프리카 수어 SASL는 문장의 구조 면에서는 영국 수어 BSL와 아주 흡사하지만, 어휘는 남아프리카 문화와 사회에 그 기반을 두고 있다. 남아프리카의 농인 어린이는 2014년 초부터 공식적으로 남아프리카 수어를 모국어로 수업받고 있다. 그 이전에는 영어와 아프리칸스어만이 학교에서 허용되었다.

빠는 우리와는 다른 사립학교에 다녔던 까닭에, 우리에게서 수어를 배웠고, 우리 가족뿐 아니라 외가 농인 친척들을 위해서도 수어통역사 역할을 톡톡히 했다. 그렇다. 어떤 언어를 막론하고 소통은 우리 가족에게는 그만큼 중요한 것이었다. 심지어 가족 내에서만 통용되는 몸짓언어도 환영이었다. 가장 중요한 사실은, 존 오빠와 나는 단 한 번도 장애인이란 느낌을 받은 적이 없고, 하고자 하는 일들이 장애인이라는 이유로 좌절되었던 적도 없다는 것이다. 우리 남매의 교육을 위해 베노니 Benoni에서 요하네스버그 Johannesburg로 이사를 감행했던 부모님은 역시 동일한 이유로, 캐나다 서부 에드먼턴 Edmonton으로의 이민을 계획하셨다. 굳이 캐나다를 선택하신 이유는 이 나라가 영연방국❸의 하나였고, 미국 워싱턴에 위치한 난청인과 농인 교육을 위한 갤로뎃 대학에 근접한 곳이기 때문이었다. 에드먼턴은 무역하던 아버지에게는 흥미로운 경제도시일 뿐 아니라, 친척이 알려준 바에 의하면 아주 훌륭한 농인 학교가 그곳에 있다는 것이다. 남아프리카에는 존 오빠와 내가 다닐만한 학교가 마땅치 않다는 것이 부모님께서 이민을 결정하게 되신 주원인이었다. 또 다른 이유는 당시 남아프리카를 지배하고 있던 인종차별정책이었다. 다양한 인종이 섞여 사는 도시에서 성장하신 부모님이 평화롭게 어울려 살던 사회가 갈기갈기 찢기는 분리 정책을 경험하기 시작하신 것이었다. 1960년부터 대다

---

❸ 영연방은 영국 본국과 함께 영국의 식민지였던 국가로 구성된 국제기구이다.

수가 흑인으로 구성된 수백만 명의 사람들이 그들의 고향[4]을 떠나 이주해야 했다. 이러한 상황을 두 분은 받아들일 수가 없었을 뿐 아니라 자녀들에게도 직면하게 두고 싶지 않으셨다.

언젠가는 우리 가족이 남아프리카에서의 보금자리를 떠나게 될 것이라는 가능성을 늘 염두에 둔 집안 분위기에서 나는 성장했다. 부모님은 그 계획을 가능하게 하기 위해 14년을 싸우셨다. 부모님의 청원서는 수시로 거절당했다. 캐나다 관청은 농인이 둘이나 되는 가족을 받고 싶지 않았던 것이다. 그들은 끊임없이 우리가 언어·지적·행동 발달에 문제가 없음을 증명하는 서류를 요구해서 우리가 심리적으로 건강한지, 모두 정상인지를 확인했고. 계속 새로운 트집을 잡아 거절 사유를 들었다. 나는 어느새 이렇게 갈팡질팡한 상황에 익숙해졌고, 오고 가는 의미 없는 소리에는 귀 기울이지 않은 채 만족스러운 유년기를 보냈다. 그러고는 내가 14살 무렵의 어느 날, 결국 캐나다 당국은 우리가 신청한 비자를 승인했고, 이민은 우리의 현실로 다가왔다. 우리 부모님에게는 소원이 성취되던 순간이, 내게는 악몽의 시작을 의미했다. 나는 내가 살던 동네에서 친구들과 어울려 다니며 운동과 여가로 즐겁게 지내고 있었고, 무엇보다 내게는 나 같은 농인 남자친구가 하나 있었다. 우리는 아무도 모르게 동거에 들어가고 결혼도 할 것을 계획하고 있던 차였다. 그러나 남자 친구의 어머니와 내 어머니에게는 마침 우리 둘

---

[4] 1948년부터 1993년까지 남아프카 공화국은 공식화된 인종분리 정책으로 인해 흑인은 특정구역에만 거주가 가능했다.

을 떼어놓을 수 있는 절호의 기회이기도 했다. 하지만 어떻게 이 모든 것을 포기하고 떠날 수 있겠는가. 결코 있어서는 안 되는 일이었다. 아버지는 먼저 캐나다로 가셔서 가족들의 입국을 준비하셨고, 어머니는 남아프리카에서 집을 팔고, 이사일을 맡아서 하셨다. 출국 때의 기억을 나는 평생 잊을 수 없을 것이다. 우리 가족이 마지막으로 지냈던 숙모님의 캠핑카와 비행기 안에서 몇 시간을 울고, 또 울어도 자제가 되지 않았던 슬픔, 그리고 캐나다 땅을 밟았을 때의 차디찬 겨울을 말이다. 때는 바야흐로 1976년 2월이었다. 고향인 남아프리카는 영상 25도에 육박할 때 캐나다의 에드먼턴은 영하 40도까지 내려가 있었다. 고향에서는 모두 일광욕을 했지만, 우리는 에드먼턴에서 눈을 밟아야 했다. 고향에는 친구들이 있지만, 에드먼턴에는 우리 가족 외에는 낯익은 얼굴이라고는 찾아볼 수가 없었다. 하룻밤 사이에 우리는 하늘과 땅만큼의 변화를 본 것이었다. 나는 혹독한 향수병에 걸렸다. 그때 어머니는 내게 약속하셨다. "석 달이 지나도 네게 변화가 없으면 넌 남아프리카로 다시 돌아가는 것으로 하자." 어머니는 내 마음을 잘 이해해 주셨다. 일 때문에 세계 곳곳을 누비는 것이 익숙한 아버지에 비해 어머니는 캐나다에서의 적응이 힘겨우셨기 때문이다. 지금 생각해 보면 어머니는 이민과 관련된 문제들을 제대로 소화해 내지 못하셨던 것 같다. 다행히 나는 초창기의 어려움을 극복하고 강인함을 과시하고 싶어졌다. 거기에는 내가 새로 다니기 시작한 알버타 농인 학교가 큰 일조를 했다. 당시 이 학교는 수어와 음성언어 이렇게 이중언어 교육

▶5에 중점을 두고 있었고, 일반 학교의 교과과정을 그대로 따르고 있었다. 그때가 1976년이었는데, 이곳 스위스에서는 거의 40년이 지난 지금도 이 교육이 여전히 생소하다. 농인과 청인이 골고루 섞인 교사진은 모두 정식으로 대학 교육을 받은 사람들이었다. 캐나다 수어 CASL, 미국 수어 ASL의 일종인 수어가 허락된 정도가 아니라 권장되었고, 수업 시간에 음성언어인 영어와 동등하게 사용되었다. 프랑스어도 필수과목으로 배웠다. 전학 첫 수업 날 교장 선생님은 존 오빠와 내게 수어로 환영 인사를 하며 맞이했다. 그러나 우리는 당혹스러웠다. 그때까지만 해도 우리는 남아프리카 수어밖에 몰랐기 때문이다. 하지만 나는 얼마 가지 않아 캐나다 수어도 능숙하게 구사할 수 있었다. 그뿐만 아니라 학교 측은 부모님도 수어를 배울 것을 요구했는데, 어머니도 마침내 우리와 수어로 소통하시게 되었다. 나는 물 만난 물고기 같았다. 방과 후에는 스포츠 같은 여가 활동에도 전념했다. 그러던 1979년 나는 또 한번의 작별을 감수해야 했다. 돌이켜 보면, 2년은 더 기다려도 되었을 법 하건만 서두른 감이 없지 않다. 사실 이러한 변화가 그리 놀라울 일은 아니었다. 갤로뎃 대학에서의 학업은 어차피 장기적인 계획이었고, 나는 이미 입학시험도 치렀고, 합격을 한 상태였기 때문이다. 내가 어릴 적부터 우리 부모님은 존 오빠와 나의 대학 교육 문제로 많은 고민을 하셨다. 우리가 고등교육을 받을 것에는 전혀 의심이 없었고, 다만 언제 어디서 교육을 받을지가 문제였기 때문이다. 부모님은 남아프리카에 계실 때부터 이미 갤로뎃 대학에 관한 정보를 접하셨

다. 미국의 학회에 참석하셨던 우리 가족 주치 치과의사 선생님이 이 비범한 대학에 관해 설명해 준 이후로 말이다. 내가 대학에 입학할 당시 나는 겨우 열여덟이었고, 혼자서 그 새롭고 낯선 환경에 적응해 나가야 했다. 학교 기숙사에 들어간 내게 가족이라고는 1년 먼저 알버타 학교를 졸업해 갤로뎃 대학에 다니고 있는 존 오빠가 전부였다.

캐나다에서의 3년 반이 지난 후, 나는 전공할 과목을 고민하기 시작했다. 나는 가족들, 학교 선생님 그리고 아는 농인 친구들과 의논했고, 학교 교사가 어떨까 하는 생각을 하게 되었다. 언젠가 내가 다시 고향인 남아프리카로 돌아가서, 농인으로서는 처음으로 수어로 수업하는 교사로 살 수 있지 않을까? 그렇게 되면 나는 우리 농인 학생들에게 청인 학생들처럼 역사와 정치 수업도 하고, 사회적 평등에 관한 주제로 농인들에게 비전을 제시할 수 있지 않을까? 젊은 날의 꿈이었다. 하지만 운명은 다른 길을 택했다. 그래도 내가 교육학과 정치학을 마지막에 택한 것은 올바른 것이었다. 나는 지금도 여전히 교육학에 관심이 많고, 사회·문화 관계, 정치적 주제에 남다른 열정이 있다. 이러한 관심은 내가 남아프리카를 살면서 인종차별정책을 경험하던 시절부터 이미 싹트고 있었던 것 같다. 우리 가족은 한자리에 모이면 자주 인간의 평등에 관한 문제를 놓고 토론했었다. 당시 남아프리카에는 유럽인인 백인과 유색인종(주로 흑인) 이렇게 두 부류의 사람들이 살고 있었다. 학교 제도도 두 부류, 거주 지역도 두 부류, 무엇이든 두 부류가 있었다. 내가 무심코

벤치에 앉아 있으면 꼭 듣는 말이 있었다. "거기는 앉으면 안 돼."―"왜 안 되는데?"―"네 자리가 아냐. 넌 백인이잖아." 그런 상황은 나를 격분시켰다. 늘 그렇게 저항감이 생기는 것은 지극히 당연했다. 우리 가족은 특권층이었고 그래서 이민도 가능했다. 그래서 농인인 나도 미국에서 대학 공부를 할 수 있는 기회가 있었다. 그것이 감사했기에 내가 가진 행운을 비특권층과 함께 나누고 싶었다. 그런 동기에서 나는 그 두 과목을 전공으로 선택하게 된 것이다. 정치학 분야❺에서는 서유럽의 무역과 독일 경제에 초점을 맞췄고, 더 구체적으로 말하면 독일로 이주해 온 노동자들이 어떻게 착취당했는지에 관한 주제였다. 스위스도 마찬가지였다. 외국인 노동자들에게 고국에서 가족들을 데려오는 것도 금지했다는것은 나중에서야 알게 된 사실이다.

지적 호기심이 매우 강했던 나는, 그야말로 젖과 꿀이 흐르는 낙원에 와 있는 것만 같았다. 모든 수업이 미국 수어나 아니면 수어 통역을 동반한 영어로 진행되었기 때문에 언어의 장벽이라고는 전혀 없었다. 상점 주인, 상담 심리사, 변호사 등도 모두 수어가 가능했기에 최적의 환경이었다.

워싱턴 디시 Washington DC에 위치한 갤로뎃 대학은 모든 교육과 생활이 난청인과 농인을 위해 운영되는 세계 최초이자 유일한 대학이다.❻ 오늘날 청인과 농인을 막론하고 청각장애인과 수어

---

❺ 서유럽을 중심으로 한 사회 연구와 국제연구의 중등교육

❻ 다음에 이어지는 단락들은 www.gallaudet.edu, 'About Gallaudet, 150 Years, History of the University (2014.03.28)'의 내용을 토대로 한다.

에 관해서는 최고의 권위를 인정받고 있다. 이곳만큼 청각장애인이 고등교육을 받을 수 있는 기회가 활짝 열려있는 곳이 없고, 이곳만큼 청각장애인이 소통의 장벽을 인식하지 못하고, 성공의 길을 향해 나아갈 수 있는 환경도 없다.

2014년 갤로뎃 대학은 150주년 기념행사를 했다. 1857년 농인과 시각장애인을 위한 학문의 전당으로 설립된 이 기관이 1864년 단과대학으로 승인받았을 때 그 공식 문서에 에이브러햄 링컨 대통령이 친히 서명하기도 했다. 오늘날까지도 갤로뎃 대학 졸업생들의 학사학위 증명서에 미국 대통령이 직접 서명한다.

1986년 10월에 갤로뎃 대학은 미국 의회로부터 종합대학으로 승격되는 자격을 부여받았다. 2년 후인 1988년 3월에 있었던 갤로뎃 대학의 학생시위를 통해 이 대학의 총장직에 처음으로 농인인 어빙 킹 조르단 박사 Dr. I. King Jordan가 임명되고, 대학위원회의 첫번째 농인 회장의 선출도 낳게 되었다. 그때부터 전 세계 농인과 난청인 사이에서는 이 시위 DPN(Deaf President Now)가 농인의 자주정신을 대변하는 의미를 갖게 되었다.

이 대학에서는 사십여 개의 학과 중 하나를 선택해 문학사와 이학사를 취득할 수 있다. 해마다 소수이기는 하나 청인 중에서도 최대 5%의 신입생을 받는다. 학업을 위한 모든 프로그램에는 농인과 난청인은 물론 청인에게도 동일하게 열려있고, 문학석사와 이학석사, 박사 그리고 주제 전문가 학위 취득도 가능하다.

잠시 곁길로 갔던 갤로뎃 대학의 역사 이야기는 여기서 마치고 다시 내 대학 시절로 돌아가자. 나는 매 순간순간을 즐겼다. 한 가지 흠이라면 건강을 위해 몇 가지 어려움과 싸워야 했는데 그중 하나가, 패스트푸드와 방부제가 많은 미국인의 식생활이었다. 나는 유기농 식품을 찾아 농장에서 먹거리를 직접 구입했다. 운이 좋게도 나를 딸처럼 여기는 친하게 지내는 가족집에서 주말을 지내며, 그야말로 '호의호식'을 할 수 있었다. 또 다른 문제는 내가 워싱턴에 있을 때 봉착한 어려움으로, 남아프리카에서 보낸 나의 사춘기 시절을 연상시켰다. 그것은 바로 인종차별과 사회적 억압이었다. 당시 흑인들뿐만 아니라 가난한 백인 노동자들이 워싱턴으로 이주해 왔고, 그로 인해 민족적, 사회적인 큰 긴장감을 불러왔다.

나는 기숙사에서 일을 맡게 되었는데, 그것은 외국에서 오는 손님들을 돌보는 것이었다. 한 번은 스위스에서 온 사절단이 있었는데, 당시 볼리스호펜 농인 학교[7] 교장인 곳프리드 링리 Gottfried Ringli였다. 운명적인 만남이었다. 그는 취리히 자기 학교를 위해 농인 수습생을 찾고 있었고, 나는 실습 자리를 찾고 있었기 때문이다. 이렇게 링리씨는 내게 일자리를 제안했고, 나는 정식으로 갤로뎃 대학 인턴십 과정을 신청하게 되었다. 학장으로부터 1년간 유럽으로의 파견 허가를 받았는데 그 1년 중 첫 3개월을 스위스에 체류해야 했다. '스위스'라—어디에 위치했는지, 생활환경은 어떠한지 이 나라에 대해서는 도무지 아는 것이 없었다. 그것은 나쁜 아니

---

[7] 오늘날 Zentrum für Gehör und Sprache Zürich 의 전신

라 미국에 있는 사람은 누구나 알프스를 끼고 있는 나라들은 분간하기가 어려웠다. 나는 정보를 수집하기 시작했다. 오늘날처럼 구글이나 위키피디아가 없던 시절이라 그리 간단하지는 않았다. 여행사와 도서관을 찾아다니며 여행 책자들을 섭렵한 결과, 대충 농장과 시계, 가죽바지 입은 남자들이 많은 한 나라의 그림을 그려냈는데, 그러니까 독일의 바이에른주와 하이디가 사는 알프스산맥의 그 중간이라 할까. 아무튼 스위스로 출장을 다녀오신 적이 있는 아버지에게서 분명하게 들은 사실 하나는, 물가가 아주 높다는 것이었다. 나는 상당히 많은 돈을 챙겼다. 삼천 프랑! 아이슬란드를 거쳐 독일의 프랑크푸르트에서 마침내 취리히로 가는 기차를 탔다. 취리히 중앙역을 진입할 때 플랫폼을 따라 늘어선 상점들 위로 우뚝 솟은 커다란 간판의 그 큰 글자가 눈에 들어왔다. 스위스 생명보험회사. 독일어 단어들이 원래 길기는 하지만, 새삼 무슨 단어가 저렇게 길기도 할까 생각했다. 그러고는 기차가 멈춰 섰다. 커다란 배낭을 짊어지고 나는 기차에서 내려 거대한 인파 사이를 누볐다. 그러다가 갑자기 열심히 수어를 하는 농인 무리를 발견했다. 놀라웠다. 나중에 알게 된 일이지만, 역 대합실 시계탑 밑의 파란 주사위는 농인들에게는 잘 알려진 만남의 장소라고 한다. 여하튼 나는 한참을 이 무리를 지켜보았지만 대뜸 말을 걸 용기는 없었다. 그때 나는 겨우 열아홉이였고, 내가 쓰는 수어는 또한 달랐기 때문이다. 이 무리가 흩어졌을 때 비로소 나는 내가 혼자란 사실을 실감했다. 갑자기 외롭고 지치고 배도 고팠다. 당장에 초콜릿 바를 하나 사 먹고 나니 기분이 훨씬 나아졌다. 한 여자가 다가오더니 내게 다정하게 말을 걸었다. 우리는 영어로 이야기를 나눴고, 그 여자가 잡아준 택시를 타고 나는 볼리스호펜 농인 학교로 갔다. 천만다행이었다.

학교에 도착한 나를 곳프리드 링리와 발터 감퍼가 영어로 맞아주었다. 호기심 어린 눈으로 우리를 둘러싸고 서 있던 농인 학생들 모두 음성언어인 표준 독일어로 소통했다. 1980년 당시 스위스 어느 학교에서도 수어로 수업이 진행되지 않았다는 사실을 전혀 모르고 있던 내게는 그저 놀라울 뿐이었다. 볼리스호펜 농인 학교는 스위스 청각장애인을 위한 여느 학교보다도 앞서 있던 학교였기 때문이다. 그래도 음성언어를 동반한 수어▶22는 도입되었기 때문에, 그나마 쉬는 시간이나 점심식사 시간에는 학생들이 수어를 하는게 허락되었다. 그것도 당연한 것은 아니었다. 학생들이 수어를 함과 동시에 그들의 동작은 훨씬 자연스러웠고, 편안해지는 것이 금세 눈에 들어왔다. 활동적인 학생 몇몇은 이내 산만하다는 지적을 받았다. 그저 마음껏 뛰어노는 것뿐인데도 말이다. 아이들의 행동이 왠지 안정감이 없어 보였다. 고삐 풀린 망아지 같다가도 갑자기 그 몸짓이 경직되어 보였다. 분명히 그 학부모들은 대부분 청인일 것이고, 학생들은 음성언어가 자신들의 환경일 것이다. 그에 반해 나의 부모님은 수어에 대한 거부감이 없으셨을 뿐만 아니라, 오히려 우리가 언어라면 어떤 형태로든 가리지 않고 활용할 수 있도록 지지해 주셨다.

그렇게 학교에서 일어나는 일들을 관찰하며 드는 생각이 있었

다: 교사들이 교직원실에서 늘 음성 언어 만을 사용하고, 두 손은 항상 책상 위나 밑에 가지런히 한 채 머리를 숙이고 있던 게 난 늘 의아했다. 그들과의 소통이 힘들었고 내가 이따금씩 소외감을 느낀 것도 당연할 수 밖에 없었다. 내가 받은 인상들을 그때그때 메모해 두었다가 보고서로 작성해 갤로뎃 대학에 보냈다.

스위스 비자는 3개월간 유효했다. 이 기간에 나는 취리히, 겐프 Genf 그리고 테씬 Tessin에 체류했다. 이 3개월이 끝날 무렵 나는 지금의 남편인 롤란드 헤어만 Roland Hermann을 만났다. 그는 2006년부터 지금껏 스위스 농인협회 회장직을 맡고 있다. 롤란드는 학교 졸업생으로, 나는 수습생으로 볼리스호펜 학교 동창회에 참석했다. 나는 학생 두 명을 돌보면서 롤란드를 비롯한 젊은 남자들이 수어로 대화하는 것을 지켜보았다. 저녁이 되어서야 롤란드는 나를 자신의 지인들에게 소개했다. 유감스럽게도 나는 곧 취리히를 떠나야 했기에 우리는 서로를 더 알 기회가 없었다. 나는 겐프와 테씬으로 가야 했고, 10개월 동안 프랑스, 벨기에, 스웨덴 그리고 덴마크에 머물렀다. 어느 곳에 있던 나의 주된 관심사는 이중언어 교육과 일상에서의 활용이었다. 유럽에서의 이 흥미진진한 1년간의 인턴십 과정은 마지막이 아니었다. 워싱턴에서 학업을 마친 후 나는 미국에 머물며 학교에서 역사 지리, 정치를 가르쳤다. 스위스에서라면 상상에서나 가능한 일이었다. 한 농인 수습생이 수어 통역사의 도움으로 청인 어린이들에게 수업한다는 사실 말이다.

유럽의 거의 절반을 일주하고 나는 다시 워싱턴으로 돌아갔다. 롤란드도 다시 못 만난 채로 말이다. 하지만 그와는 계속 소식을 주고받았고, 그는 이따금 미국으로 나를 방문했는데, 그사이 우리는 점점 더 가까워졌다. 결국 그는 미국에 장기 체류를 계획하고, 1983년 스위스의 일자리를 사직했다. 그는 갤로뎃 대학의 평생교육원이 제공하는 국제 프로그램으로 수어 언어학과 연극, 관리기능과 공개 공연을 공부했고, 나는 교육학과 서유럽의 국제관계로 학사과정을 밟았다. 그리고 우리는 약혼을 했다. 원래 계획은 서유럽으로 다시 돌아가는 것이었지만, 함께 캐나다로 이사해 거기서 8년을 머물렀다. 이 기간에 나는 일반 학교 교사로 재직하며 수어통역사의 도움을 받아 저학년 학생들에게 사회 과목을 가르쳤다. 캐나다 정부가 갤로뎃 대학에서의 내 학업을 재정적으로 가능하게 해 준데 대한 보답으로 내가 치러야 했던 의무였다.

과연 내가 그 많은 이야기들을 다 열거할 수 있을까 싶다. 내 인생 여정은 너무 복잡다단해서 내 눈에조차 다 들어오지를 않기 때문이다. 요약하자면, 나는 에드먼턴의 알버타 대학에서 농인 연구를 위한 서캐나다센터를 창립하는 일에 참여했고, 학술분야에서 상담사 역할도 했다. 1986년 에드먼턴의 알버타 대학 사범대에서 학사학위를 받았고, 1987년 캐나다 뉴 브런스윅 New Brunswick 대학에서 수어 교사와 수어 통역과에서 학사학위를 받았다. 1987년부터 토론토 수어 서비스센터를 지휘 감독했는데, 종합대학과 단과대학에서 학업을 하는 농인들을 지원하고, 수어 교사 양성 교육을 조정하고, 그 수준을 관리하는 것이 이 기관의 큰 과제였다.

그뿐만 아니라, 나는 캐나다 히어링 소사이어티 Canadian Hearing Society(역자 주: 농인과 청인의 독립심을 향상하고 청력손실 예방을 위해 봉사하는 비영리단체)에서 일하면서, 수어도 수업에 사용되는 언어[8]로 인정받을 수 있도록 투쟁했다. 이 시기는 내가 지금 특수교육대학에서의 간부직을 감당할 수 있는 갑옷을 만드는 과정이었다고 할 수 있겠다. 그사이 롤란드는 금속공업 계통의 다양한 분야에서 일하며, 여가에는 민간인으로서 농인의 권리문제에 몰두했다. 그리고 그때 쌓은 많은 경험은 지금의 농인협회 회장직에 큰 도움이 되었다.

1990년대 초반에 우리는 다시 스위스로 이주했다. 원래 롤란드는 캐나다에 2년만 머물 계획이었지만, 체류 기간을 계속 연장해 왔었다. 더욱이 그의 어머니가 아들이 다시 귀향하기를 간절히 원하셨다. 그사이 꽤 연로하신 그의 부모님도 청각장애가 있었다. 아버님은 농인이고, 어머님은 난청인이다. 연세가 드실수록 두 분은 외로움을 느끼셨다. 당시만 해도 스위스에는 수어통역사가 없었고, 수어도 자리를 잡지 못했고, 농인은 무엇이든 본인이 다 알아서 해결해야 했다. 롤란드가 1990년 먼저 부모님이 계시는 샤프하우젠 Schaffhausen으로 돌아가 두 분을 돕고, 나는 나중에 가기로 결정을 했다. 그래서 우리는 수도 없이 비행기로 오고 가는 생활을 했고, 1991년에 드디어 나는 롤란드에게 가게 되었다. 스위스의 초창기 시절 나는 집에서 집안일을 주로 하며, 새로운 문화와 새로운 언어

---

[8] 온타리오 주는 캐나다에서 유일하게 1993년부터 지금까지 캐나다 수어인 ASL과 LSQ를 농인학생들을 위해 학교수업에서 사용하는 언어로 인정했다.

인 스위스 독일 수어를 배우는 등 아주 즐겁게 지냈다. 캐나다에 살던 시절 롤란드와 나는 미국 수어로 소통했다. 다행히 그의 부모님은 많은 시간을 할애해서 내가 스위스와 그 생활문화에 적응할 수 있도록 도와주셨고, 그 지방의 음성언어와 수어도 모두 접하게 해주셨다. 우리는 함께 TV를 봤고, 함께 신문 기사를 샅샅이 읽었고, 함께 소득세 신고 양식서를 작성했고, 외출 중에는 함께 거리의 간판을 판독했다. 시부모님은 내 앞에서 단 한 번도 교사 역할을 하지 않으셨고, 아주 자연스럽게 나를 대하셨기에 늘 즐겁게 배워나갈 수 있었다. 시부모님뿐만 아니라 루체른 Luzern의 사냥개(후각 수렵견) 롤라도 나의 근사한 동행이 되어주어서—어쩌면 오히려 내가 그녀의 동행인이라 할 수도 있고— 마을 곳곳의 들판과 숲속을 함께 누볐고, 그 덕분에 나는 많은 사람을 만나 이야기를 나눌 기회가 있었다. 또한 나를 진실하게 받아주고, 스위스 독일 수어를 접하게 해준 스위스 농인 공동체도 빼놓을 수 없다.

그러는 사이 나는 수어와 음성언어 몇 개 국어를 더 배웠다. 이렇게 다양한 언어를 구사하는 것은 내게 전혀 문제가 되지 않았다. 나는 늘 다양한 언어와 문화에 접해 있었고, 그래서 그만큼 쉽게 새로운 언어와 문화에 적응할 수 있기 때문이다. 어머니(아버지는 이미 돌아가셨다.)와 두 오빠 그리고 캐나다의 친척들과는 영어와 캐나다 수어로 소통한다. 이탈리아어를 사용하는 스위스 지역을 가면 나는 그들에게서 이탈리아 수어를 배운다. 프랑스어를 사용하는 스위스 지역에 가면 프랑스 수어를 사용한다. 최근에도 수어 교사 교육과정을 밟는 테씬 출신의 학생들을 만나 이탈리아 수어를 배웠다. 문서작성은 영어로 한다. 물론 독일어 음성언어로도 할 수도 있지만 내 독일어 문법은 개선해야 할 필요를 느낀다. 한 가지 언어를 배우고 정통하기 위해서는 항상 힘겹게 앉아서만 배우는 것이 아니라, 평범한 일상이나 여가를 즐기는 순간에도 습득이 가능하다. 장을 볼 경우를 예로 들자면 스위스에는 상품명이 여러 언어로 씌어있기 때문에 프랑스어 단어도 동시에 저절로 접할 수 있어서 좋다. TV 시청 시에는 자막을 읽으면서 학습이 가능하다. 신문도 마찬가지다. DVD 영화를 볼 때도 똑같은 영화를 한 번은 프랑스어로, 그다음에는 독일어 자막과 함께 보는 것도 좋은 방법이다. 나는 수없이 많은 상황을 통해 자연스럽게 표준 독일어를 접한다. 그래도 스위스의 그 수많은 방언은 여전히 내게는 도전이다. 스위스 서부 사투리를 배웠던 나는 이제 취리히 독일어를 배운다. 내가 사용하는 언어들이 다소 뒤죽박죽이 되더라도 이상할 일이 아닐 것이다. 일과 중 어느 시간대인지, 피곤한지 아니면 정신이 맑은지에 따라, 영어로 읽은 문장을 스위스 독일 수어로 통역하거나, 외국 손님들이 모인 다양한 언어가 사용되는 상황에서는, 한 언어에서 다른 언어로 전환하는 것이 때로는 힘들기도 하다.

    1991년 스위스에 영구 정착을 한 이후, 그 이듬해에 나는 당시의 특수교육학부 일을 맡아서 하기 시작했다. 그때부터 두 개의 학부를 공동 감독하고, 강좌 프로그램을 짜고, 강사로서 스위스 독일 수어 수업을 하고, 취리히 대학에서 외래교수로 근무하고, 학술지 출판을 맡고, 국제 학회를 준비하며, 프로젝트도 개발하고 있다. 그 많은 일 중에서 특별히 브리기테 다이스 Brigitte Daiss와 공동작업을 했던 사전 프로젝트에 대해 잠깐 소개하고 싶다. 브리기테 다이스는 스위스 취리히 농인협회의 자선단체인 SGB-FSS의 대표이다. 수어와 유럽 공동 언어평가 기준 GER에 관한 프로젝트였다. 유럽 공동 언어평가 기준은 외국어 능력 측정과 비교를 가능하게 한다. '외국어를 배우고 익히고 평가하기 위한 틀로 유럽 공동 언어평가 기준은 외국어 수업과 관련된 커리큘럼과 시험을 개발하는 데 통일된 기준을 강화한다.'[9] 이 유럽 공동 언어평가 기준 사전 프로젝트에서 우리는 스위스 농인협회의 수어 강좌 수업 교재를 조사했다. 예를 들어, 강의 1에서 4까지 사용되었던 CD 4개가 그것이다. 이 CD들은 수어 연구가 페니 보이즈 브래엠의 감독하에 취리히 특수교육대학 HfH의 프로젝트로 작업해서 GS 미디어에서 제작했었다. 그 첫 CD는 무려 10년이나 된 것이었다! 나는 우리 직원들과 함께 유럽 공동 언어평가 기준의 언어 수준 6등급과 비교해서 수업자료들을 평가했다. 그 결과, 입문과 기초 단계인 A1와 A2 수준임을 확인했다. 그다음 단계는 취리히 특수 교육대 학생들에게 사용되었던 수업자료를 조사하는 일이었다. 그와 동시에 우리는 유럽의 다른 나라 수어 연구 개발도 조사하며 그들과 함께 작업을 진

[9] 패티 쇼어즈 / 율리아 마틴즈-바그너 / 시몬 콜리엔, '오스트리아 그라츠에서 열린 PRO-Sign Projekt와 관련한 두 가지 행사', 농인 문화와 언어 잡지 Das Zeichen' 2013년 94호

행해 나갔다. 예를 들면, 독일 함부르크 대학에서 유럽 공동 언어평가 기준 견본을 개발한 일이 있는데, 당연히 우리에게도 흥미로운 관심사였다. 우리는 유럽 언어센터 European Centre for Modern Languages(역자 주: 1994년 오스트리아 그라즈 Graz에 설립된 기관. 우수하고 혁신적인 언어 교습을 장려하고 회원국의 효과적인 언어교육을 지원하여 유럽인의 효과적인 언어학습을 돕는다. 특히 수어 교사와 통역사가 지역사회의 필요에 잘 부응하도록 높아 연구에 있어서 경쟁력 향상을 도모한다.)에도 회원가입을 했다. 이 기관과 함께 동료 토비아스 하우크 Tobias Haug가 수어 테스트와 관련된 작은 프로젝트 하나를 해낼 수 있었다. 스위스의 프랑스어 사용권인 '로망디'와 이탈리아 사용권인 '테씬'도 간과할 수 없었다. 이 두 지역은 평가받아야 할 수업자료는 고사하고, 수어 교육학부조차 존재하지 않았다. 그래서 세 가지 스위스 수어 연구가 모두 동시에 이루어져야 할지 아니면, 먼저 독일어권, 프랑스어권, 이탈리아어권에서 각각 그들의 방식대로 이뤄져야 할지 하는 고민이 되었다. 또한 우리가 스위스의 프랑스어권과 이탈리아권의 수업자료를 개정하고 싶은지 혹은 개정할 수 있는지는 여전히 열려있는 숙제였다. 아무튼 아주 중요한 사실은, 1946년부터 스위스의 세 언어권이 유일무이한 자선단체인 SGB-FSS에 하나로 연합되었다는 것이다.

특수교육대학 업무에 더불어 나는 2000년부터 마땅한 석사 과정 자리를 찾았지만, 스위스에는 수어 통역사가 부족해서 뜻처럼 되지 않을 것이란 사실을 받아 들여야만 했다. 결국 나는 영국 밀톤

케인즈 Milton Keynes에 위치한 더 오픈 대학 The Open University 에서 교육학 석사과정[10]을 밟기로 결정했다. 그 당시 나는 갑자기 찾아온 암과 사투를 벌이며, 취리히 특수 교육대에서의 업무, 여름 방학에 있었던 더 오픈 대학의 강좌의 문서작업과 학업을 모두 감당해 내야 했다. 자랑스럽게도 2008년 나는 교육학 석사과정을 무사히 마쳤고, 너무나 감사하게도 암을 퇴치할 수 있었다. 그것으로 지금은 만족하지만 아직도 포기하지 않은 꿈이 하나 있다. 그것은 내 건강과 일만 허락한다면 언젠가 박사과정을 시작하고 싶은 것이다. 우선은 이 특수 교육대에서의 업무에 집중하고 싶다. 연장 교육은 고사하고, 내 일과는 버겁도록 꽉 차 있다. 그럼에도 불구하고 새로운 개발과 도전에 대한 나의 호기심은 아직도 건재하다. 그리고 일상이 주는 소소한 기쁨도 누릴 수 있다. 이를테면 한 여학생이 수업을 비로소 이해했을 때 짓는 미소라든가, 흥미진진한 프로젝트가 번뜩이며 떠 오를 때 말이다. 이 사회의 정의와 평화를 구현하는데 내가 한 부분을 담당할 수 있다면 그저 감사할 뿐이다.

물론 나도 때로는 부정적인 생각들과 싸운다. 늘 똑같은 편견에 맞부딪힐 때면 참 힘겹다. '농인들은 일반 학교에 다니지 않았기 때문에 그들만의 교과과정이 따로 필요하다.', 또는 '이 분야에는 농인은 이용 가치가 없다.'라고 하는 경우가 있다. 게다가 아직도 수어 통역사를 구하기가 힘든 상황이 나를 힘들게 한다. 첨단 미디어로

---

[10] 석사논문 제목 '수어 통역과 학생이 노동시장의 필요를 충족하기 위해 평생 배울 수 있도록 우리가 할 수 있는 준비'

가득한 현대사회가 주는 또 전혀 다른 불안감이 있다. 그것은 오늘날의 젊은이들은 능숙하고 자신 있게 첨단 기술과 정보를 접하지만 사회적 또는 감성적인 성숙은 부족하다는 느낌을 종종 받아서이다.

지난 20년을 돌이켜 보며 분명히 말할 수 있는 한 가지 사실이 있다. 수어 분야, 특히 수어통역사 양성과 수어 교사를 위한 연장 교육에서 많은 개선이 있었다는 점이다. 수어 교사를 위한 연장 교육에서는 언어학, 사회학, 수어를 습득하게 할 뿐만 아니라, 농인과 청인 문화를 심도 있게 이해할 수 있게 해 준다. 다만 이 교육을 위한 재정적 지원이 여전히 미비하지만, 다행히 예비 강좌만은 확실하게 지원이 된다. 유감스럽게도 스위스는 여전히 농인들을 위한 기회가 다른 나라에 비해 아주 열악하다. 예를 들면, 수어 연구가 이뤄지는 종합대학 수준의 교육기관이 전무하다. 이러한 이유로 석사나 박사과정은 아주 드물게 이뤄지고 있는 현실이다. 갤로뎃 대학에서는 박사과정까지 다양하게 공부할 수 있는 데 비해, 스위스의 취리히 특수교육대학 수어 통역과는 학사과정까지만 가능하고, 수어 교사 양성과정은 학위가 아니라 연장 교육 정도의 수준이다. 하지만 이렇게 스위스의 수어 연구와 수어 교육이 종합대학의 수준으로 정착하지 못한 사실은 전혀 다른 긍정적인 시점으로 조명할 수 있다. 다시 말해 스위스에서는 이러한 수어 연구가 대학의 전문가에게만 국한된 것이 아니라, 농인 사회에서 견고한 지지를 받고 있다는 것이다. 우리는 그 당사자들과 협력해서 일을 한다.

농인의 소통을 원활하게 만들어주는 것을 목적으로 하는 프로콤 Procom 재단이 그 한 예이다.

마지막으로 강조하고 싶은 것이 하나 있다. 지난 30년 동안 스위스의 수어 연구와 교육은 눈부신 발전을 이뤘다. 농인들의 자기 이해와 자기 자존감도 각성되었고, 평균 교육 수준도 그에 따라 향상되었다. 최근 창립된 우산 조직인 스위스의 장애인 조합 Intergration Handicap❶은 농인을 비롯한 청각장애인을 대변하는 기관이다. 이곳 본부장으로 당선된 나는 지속적인 발전에 박차를 가할 수 있도록 최선을 다할 것이다.

내게 한 가지 소원이 있다면, 우리 농인과 농인이 사용하는 수어가 더 이상 특이한 어떤 것이 아니라 자연스러운 이 사회의 일부로 자리 잡는 것이다.▶18 그런 의미에서 무엇보다 중요한 것은, 청각장애와 그 장애가 미치는 영향, 수어가 농인에게 주는 의미와 수어에 대한 이해가 널리 보급되는 일이다.

---

❶ 이 장애인 단체에서는 장애인의 평등과 기회균등이 학교와 직업교육, 직장 그리고 사회 전반에 걸쳐 적용되도록 도모한다.

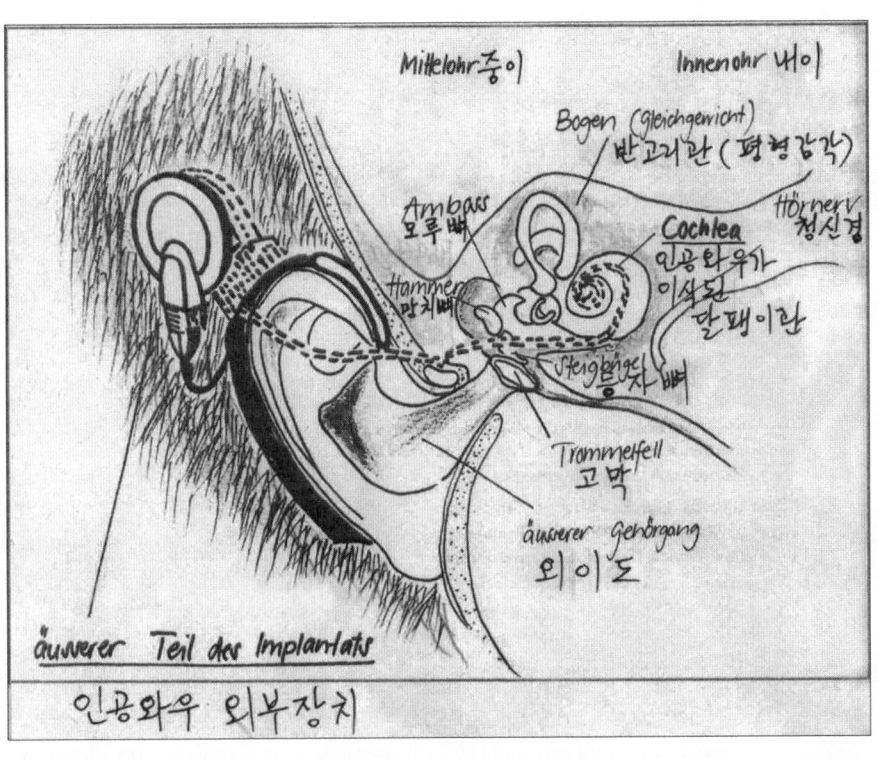

인공와우

와우는 라틴어로 코흐레아 Cochlea, 달팽이관을 의미한다. 인공와우 이식은 줄여서 CI(Cochlea-Implantat)라 불리며, 보청기가 더 이상 도움이 되지 않을 때 그리고 청각신경이 아직 손상되지 않은 상태에서 고려될 수 있는 청각 보조 장치를 의미한다. 과학 언론인인 케어스틴 슈마허 Kerstin Schumacher는 이 수술을 받는 한 농인 청소년을 소개하는 기사에서 다음과 같이 인공와우를 아주 이해하기 쉽게 설명하고 있다. '인공와우는 내이 內耳에 장착하는 전자 보조 장치로, 일부는 외부에 부착하고 또 다른 일부는 내부에 이식한다. 인공와우는 수신 안테나, 송신 안테나 그리고 전달받은 전기자극 신호를 보내주는 전극선, 이 세 가지로 나뉜다. 전신마취 하에 진행되는 이 수술은, 전극선이 귀 뒤 측두골 側頭骨과 달팽이관 속에 이식되고, 귀 외부에는 어음처리기와 수신기가 부착된다. 귀 뒤로 착용하는 이 어음처리기는 외양은 일반 보청기와 흡사하다. 그 안에는 마이크와 배터리 그리고 마이크로칩이 들어있다. 어음처리기에서 마이크를 통해 입력되는 소리는 전기신호로 변형되는 과정을 거친다. 귓등에서 한 2~3센티미터 정도 떨어진 곳에 자석으로 부착된 송신기(송신 안테나)는 이 전기신호를 두개골을 사이에 두고 위치한 내이 속 전극선으로 전달한다. 이 송신 안테나가 머리에서 떨어지지 않고 바른 위치에 자리 잡도록 자석이 달려있다. 전기신호로 변형시킨 소리를 직접 청각신경으로 전달해 주는 이 이식 장치는 농인에게 (…) 있어서는 내이와 다름없는 셈이다. 건강한 귀가 소리를 뇌로 전달하기 위해서는 무려 이만 개의 청모세포가 일을 하는 데 반해, 인공와우에서는 겨우 12에서 22개의 전극선이 그 역할을 담당하는 것이다.'❶

인공와우 이식은 스위스에는 이미 널리 보급되어 있다. 일반적으로 한 살을 넘긴 영아기에 이 수술을 받기도 하지만 때에 따라서는 더 일찍 받기도 한다. 전문가들은 그 원인을 의료인들이 인공와우 이식의 의료기술적인 측면에만 초점을 두기 때문으로 보고 있다. '통상적으로 의료인은 부모가 농인 자녀와 수어로 소통하는 것을 권하지 않는다. 공식적으로 스위스 청각장애인 자녀를 둔 부모들의 모임뿐만 아니라, 부모들을 위한 상담소에서도 수어를 언어 수단의 한 형태로 추천하는데도 말이다. 하지만 실생활에서는, 특히 스위스 독일어권에서는 인공와우 이식과 농인 자녀의 음성언어 교육▶28에 관한 정보가 제일 우선시 되는 것이 현실이다.'❷

---

❶ 케어스틴 슈마허 '한 번도 극장에 가보지 않은 레아' 과학잡지 스펙트럼 네오 2013년 4호, 48쪽

❷ 페니 보에즈 브레엠 / 토비아스 하우크 / 페티 쇼어즈 '스위스 수어 연구; 성찰과 고찰' 농인 문화와 언어 잡지 Das Zeichen 2012년 90호 62쪽

에이멘 알-칼리디
EYMEN AL-KHALIDI

1997년생

취리히 볼리스호펜 외곽의 한 전원 마을에 향토 양식(역자 주: 1870년대부터 독일, 오스트리아 그리고 스위스에 발달한 전원적인 건축양식)으로 지어진 백년 남짓 된 학교 하나가 차분하게 서 있다. 홈페이지에는 Sek3으로 소개되는 이곳은, 외양과는 다르게 아주 현대적이고 생기가 넘치는 농인과 난청인을 위한 중고등학교이다. 2010년부터 에이멘 알-칼리디는 약자로 TIO라고도 불리는 부분 통합교육이 시행되고 있는 고등학교에 다니고 있다. 에이멘은 아랍 이름으로, '오른손'을 의미한다. 그의 부모는 이라크에서 스위스로 망명한 난민이다. 스위스에서 태어난 에이멘은 이라크에 대해 아는 것이라고는 방학 때 여행을 통해 본 것이 전부다. 2014년 여름 보청기 등 의료기술 제조업체인 포낙 Phonak에서 3년간의 물류유통 관리자 직업교육을 시작한다. 그의 여가는 축구로 일색이다. 열광적인 축구 팬인 그는 호르겐 Horgen 축구팀에서 수비형 미드필더 선수로 활약 중이다. 그는 리버풀 Liverpool과 바르셀로나 Barcelona 축구팀의 팬이기도 하다.

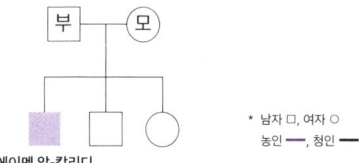

* 남자 □, 여자 ○
농인 ——, 청인 ——

부분 통합이란 콘셉트는 학교에서 구체적으로 어떻게 적용되나요?

부분 통합에 해당되는 학생들은 모두 난청 학생들이에요. 하지만 우리는 인공와우나 보청기를 착용하며 음성언어를 잘 구사하고 알아듣기 때문에, 일반 학급의 여러 과목을 부분 통합 교사의 지도 하에 일반 학생들과 함께 듣고 있지요. 구체적으로 인간과 환경, 체육, 수학, 그리고 제가 가장 좋아하는 지리가 같이 듣는 수업이에요. 그러나 독일어, 프랑스어, 영어와 같은 언어 과목과 실과는 저희만 따로 수업 받아요. 중학교 3학년 과정인 작년까지는 그렇게 일반 학급과 부분 통합 학급의 수업이 균등하게 나뉘었고요. 이제 10학년 과정에서는 대부분의 수업을 일반 학급❶과 함께 듣고 있지요.

부분 통합 학급에 학생이 둘밖에 없다면서요?

네, 10학년 과정에는 둘밖에 없어요. 원래는 세 명이었는데, 한 명은 지난여름에 직업교육이 시작돼서 나갔고요. 다른 친구는 직업교육 자리를 얻기는 했는데, 교육이 2014년 여름에야 시작한대요. 저는 2013년까지 원서를 많이 내기는 했는데 성과가 없었어요. 하지만 이제 3주만 있으면 저도 곧 일자리가 생겨요. 드디어!

❶ 학교 홈페이지는 이에 관해 다음과 같이 소개하고 있다. '학생의 실력과 능력에 따라 일반학급과 함께하는 수업 시간의 비중은 대략 35~90% 정도이다. 여기서 우리는 '통합이 가능한 만큼, 특수교육이 필요한 만큼 최대한의 지원'이라는 원칙을 따른다.' (www.sek3.ch>Angebot, Modell Teilintergration)

너무 잘 됐네요! 어떤 직업을 배울 것인가요?

물류 유통 관리자인데요. 그것도 세계적인 보청기 제조업체 포낙 Phonak에서요. 아주 좋은 회사예요. 너무 힘든 고비를 넘겨서 이제는 숨 좀 돌릴만해요. 지난 1년 반 동안 거의 70군데에 원서를 냈었는데, 도대체 말이 안 되는 것이 겨우 한 군데에서만 견학하러 오라고 답장이 온 거예요! 원래는 전산학이나 전자 기술, 아니면 전기기술 분야에서 일하고 싶었어요. 그런데 아무리 찾아도 마땅한 교육 자리를 찾을 수가 없는 거예요. 어쩌다 겨우 거절 사유를 알려준다고 하면, Sek-A(역자 주: 중학교 우수반 과정)졸업장❷이 있어야 한다고 하고… 결국 제가 원하던 직업은 포기하고 원점으로 돌아가 처음부터 다시 시작했어요. 물류 유통 Logistics 분야로 도전했는데 성사가 된 거지요! 포낙에서 교육과정을 탐방하러 오라는 연락을 받고 방문했어요. 물품을 들여오고 내보내는 과정을 컨트롤하고, 창고를 관리하고 물품을 주문하는 등의 업무에 대해 파악할 수 있었어요. 일이 마음에 들었는데, 마침 취직이 된 거지요.

난청이 채용 거절 사유가 되었던 적이 있나요?

아뇨, 그런데 제가 판단하기에 그 자리가 제게 부적절하다는 생

---

❷ 스위스 많은 주의 중학교는 다음과 같이 학습 능력에 따라 2~3개 정도로 나뉜다.
Sekundarschule B: 약자로 Sek B, Sek A 보다 실력 면에서 열등하다.
Sekundarschule A: 약자로 Sek A, 우수반 과정
Untergymnasium: 인문계 고등학교 준비과정

각을 했던 적은 있어요. 일터에 소음이 너무 심해서 저는 대화가 도무지 불가능하겠더라고요.

인공와우를 착용한다고 했는데, 얼마나 들을 수 있나요?

인공와우 덕에 오른쪽 귀로는 80에서 90%까지도 들어요. 왼쪽 귀는 전혀 못 듣고요. 인공와우가 없었더라면 저는 전혀 못 들었을 거에요. ▶15, 17

인공와우의 장점을 그렇게 많이 누리는 경우도 드문데 단점은 없나요?

있죠. 제 가장 큰 꿈을 포기해야 했거든요. 원래는 프로 축구 선수가 되는 것이 꿈이었어요. 저는 아주 유능한 수비형 미드필더 선수여서 그 방면으로 경력을 쌓고 싶었거든요. 하지만 저처럼 인공와우를 이식한 사람은 불가능해요. 경기 중 벌어지는 다양한 상황들에 적절하게 대처할 수 없으니까요. 머리 위로 비스듬히 오는 공을 헤딩하면 안 되고, 옆으로 낮게 날아오는 공만 반응하는 것이 가능하거든요. 그렇다고 인공와우 없이 경기하는 것도 불가능하고요. 그것이 없이는 전혀 듣지를 못하니까요. 같은 이유로 저는 수상 스포츠는 즐길 수가 없어요. 인공와우의 단점을 더 들어 보자면, 건전지를 교환해야하고, 인공와우와 제 청력을 점검하러 1년에 두 번씩 병원에 가야 하는 것도 번거롭고요. 기계가 바닥에 떨어진다거나, 빗물이라도 들어가 젖으면 고장이 날 가능성을 늘 우려해야 하고... 나도 잘 들을 수만 있다면 얼마나 좋을까 하는 마음이 드는 것은 당연한 거지요.

몇 살 때 수술을 받았나요?

네 살 때요. 저는 기억이 잘 안 나지만, 부모님한테서 들었어요. 한 살 반이 될 때까지만 해도 정상적으로 발육을 했기 때문에 부모님은 제가 듣지 못한다는 사실을 전혀 상상도 못 하고 계셨어요. 그러다가 1998년 8월 초에 심한 감기에 걸려 몹시 앓았어요. 소아과 의사한테 연락이 안 되자 어머니는 응급의사를 불렀지요. 심한 감기를 앓기 얼마 전에 침대에서 떨어졌던 적이 있었지만 대수롭지 않게 지나갔기 때문에, 응급의사가 왕진하러 왔을 때에도 그 점에 대해서는 부모님이 전혀 언급을 안 하셨데요. 그 의사 선생님이 저를 자세히 진찰하시고는 항생제를 처방해 주셨데요. 그래서 감기는 나아졌는데, 그 다음 달부터 제가 어머니 눈에 띄게 달라졌다고 해요. 불안해지신 어머니가 제가 두 살이 되었을 때 병원에 데려가 진찰받게 하셨어요. 그때 제가 전혀 듣지 못한다는 진단을 받은 거죠. 문제는 원인이 무엇이었냐는 거지요. 제가 농아로 태어난 것인지, 아니면 침대에서 떨어진 이후로 농인이 된 것인지, 아니면 그 심한 감기가 원인이었는지... 우리 부모님은 제가 농인으로 태어나지는 않았다는 확신이 있으세요. 왜냐하면 제가 한 살 반이었을 때만 해도 제 남동생이 생후 17개월 때 그리고 지금의 제 여동생이 했던 것처럼 똑같이 옹알이를 제법 했다고 해요. 하지만 그때 침대에서 떨어진 것이 원인은 아니라고 단정을 내리셨다네요. 너무 높은 곳에서 떨어진 것도 아니고, 그 이후로 눈에 띌 만한 변화가 없었기 때문에요. 그리고 그때 병원에서 정밀한 검사를 한 결과, 침대에서 떨어진 이유로 인한 외상 같은 것은 발견하지 못했거든요. 그렇게 되면 그때 감기로 인해 항생제 치료를 받은 것이 원인일 수 있다는 가능성만 남은 셈이죠. 그런데 그것도 서로 관련이 있는지는 증명할 방법이 없었기 때문에 법적인 조치를 취할 수도 없었고, 그렇게 해서 의료진은 원인 규명을 그만두었어요.

한 살 반 되던 해 농인이 된 거라면, 그 시점까지는 말을 조금은 할 수 있었다고 할 수 있겠네요?▶31

그렇지요. 보통 아기들처럼 옹알이도 했고, 단어 몇 개를 흉내 내어 말할 수 있을 정도였지만 아랍어였지요. 저희 부모님은 20년 전 이라크에서 스위스로 망명해 오신 난민이거든요.

농인이란 진단을 받고 나서는 어떻게 되었나요?

두 살 무렵 보청기 하나를 착용하기 시작했어요. 그런데 그것이 별 도움이 안 된다는 사실을 확인하신 부모님은 인공와우가 도움이 되지 않을까 알아보기 시작하셨어요. 그러고 나서 이식을 받은 거지요. 수술 후 1년이 되었을 때 와우 이식 후에는 항상 뒤따르는 언어치료가 시작되었지요. 새롭게 발음하는 연습▶1을 해야 했는데, 그것도 아랍어가 아닌 독일어로 더욱이 부족한 청력으로 말이지요. 제가 제대로 말을 할 수 있게 되었을 때는 다섯 살이였어요. 표준 독일어가 저의 모국어라 할 수 있지요.

독일어를 아주 잘해요. 수어는 배운 적이 없나요?
아뇨, 배울 필요가 없잖아요? 사람들이 표준 독일어로만 말해주면 저는 문제 없이 알아들을 수 있는데요.

동생들은 몇 살이고 서로 어떻게 대화하나요?
아랍어와 표준 독일어를 섞어서 사용해요. 우리 집에서는 남동생이 유일하게 스위스 독일어를 할 수 있어요. 열두 살에 6학년이고 여름이면 중학교에 들어가요. Sek A 우수반 과정에 가면 진짜 좋겠지만 모르죠. 가끔 숙제도 제가 도와주어요. 여동생은 이제 한 살 반이고요.

어느 학교에 다녔나요?
우리 동네 호르겐에 있는 유치원을 다녔는데, 치료사의 도움을 받았어요. 그리고 처음 3년은 일반 초등학교에 다녔어요. 유치원에서는 소통이 너무 힘들었어요. 저는 표준 독일어만 배웠기 때문에 스위스 독일어는 거의 못 알아들었거든요. 그래도 제게 큰 문제가 되지 않았던 것은 대부분의 수업 시간은 놀이 형식이라서 말은 큰 비중이 없었어요. 나중에 학교에 들어가서는 소통이 훨씬 수월해졌어요. 선생님들이 수업 중에는 사투리를 사용하지 못하게 하셨기 때문이죠. 게다가 교실에는 제 이해를 돕도록 FM 송신기 ▶10도 설치되어 있었고요. 쉬는 시간에만 이따금 소외감을 느꼈는데, 아이들이 거의 스위스 독일어로 떠들었으니까요. 사투리는 거의 못 알아들었어요. 지금까지도 제 친구들이 표준 독일어로 이야기해야만 저는 알아들어요. ▶27 그 점만 제외하면 친구들이 청인이든 난청인이든 전혀 문제가 되지 않지요.

그럼, 4학년부터 6학년까지는 어느 학교에 다녔나요?

좀 더 큰 마을인 베덴스빌 Wädenswil로 다녔어요. 제가 지금 다니고 있는 학교처럼 부분 통합교육을 하는 곳이죠. 그래서 버스와 전철을 타고 저 혼자 학교에 다녀야 했어요. 저는 독립심이 강했기 때문에 전혀 문제되지 않았어요. 내년 여름부터 취리히 외어리콘에 있는 청각장애인을 위한 직업학교를 3년 동안 다닐 거고요.

여가에는 무엇을 하나요? 취미가 있나요?

그럼요. 축구가 제일 중요해요. 축구팀에서 경기하고 있고요. 주로 TV에서 많은 경기를 보고 있어요. TV에 중계가 되지 않는 경기는 컴퓨터로 찾아봐요. 바르셀로나와 리버풀 축구팀을 제일 좋아해요. 3년 전에 스위스 국적을 얻었기 때문에 브라질 월드컵 경기에서는 스위스를 응원해야지요. 이라크가 월드컵 출전할 실력이 안 돼서 아주 유감이에요. 축구 말고 하키, 탁구, 테니스도 해요. 스포츠는 거의 다 좋아해요.

3년 전부터 온 가족이 스위스 국적을 갖게 되었는데 그때 이후로 이라크에 간 적은 있나요?

　네. 2011년 봄에 이라크로 여행을 갔었어요. 부모님에게는 20년 만에 처음으로 찾는 고향이어서 친척들을 많이 만나셨어요. 부모님 두 분 다 가족들이 모두 뿔뿔이 흩어졌었거든요. 아버지는 사담 후세인을 위해 참전하시기를 거부하셨기 때문에 청년의 나이에 사우디아라비아로 망명하셨데요. 그것도 걸어서! 하지만 그곳도 전쟁의 분위기로 삼엄해서, 적십자의 도움으로 스위스로 다시 망명하게 되신 거래요. 어머니는 외할머니와 친척 한 분 그렇게 함께 요르단으로 도주하셨다가, 거기서 다시 스위스로 망명 오신 거고요. 그렇게 해서 이곳 스위스에서 두 분이 만나시게 된 거래요.

　부모님이 스위스를 마음에 들어 하시나요? 스위스의 난민 정책이 최고라 할 수는 없는 실정이잖아요.

　부모님도 실감은 하시는 것 같아요. 스위스 국민은 난민과 함께 사는데 좀 더 노력해야 할 필요가 있어요. 단지 머리에 두건을 썼다는 이유로, 사람들 때문에 어머니는 곧잘 기분이 상하셔요. 때로는 이라크에 대한 향수 때문에 마음이 힘들기도 하지만, 그래도 이곳에서의 생활에 두 분은 만족하세요. 전쟁에 할퀴어버린 흔적만 빼면 이라크는 아주 아름다운 나라예요. 저희 남매 모두 장성하고, 이라크의 정치적 상황이 허락한다면, 두 분은 다시 귀향하고 싶으신 마음이 가슴 한구석 깊이 늘 자리 잡고 있죠. 하지만 저는 이곳에 태어났기 때문에 스위스가 제 고향이에요.

장래 포부가 있다면?

이미 말씀드렸듯이 프로 축구 선수가 되는 거지만 불가능하잖아요. 아니면 나중에 언젠가 전자공학도가 되는 길을 갈 수 있지 않을까 생각해 보지만, 지금 상태로는 일단 직업교육 자리를 얻은 이상 앞으로 3년 동안은 마음 푹 놓고 있어도 되는 것이 그저 뿌듯할 뿐이에요.

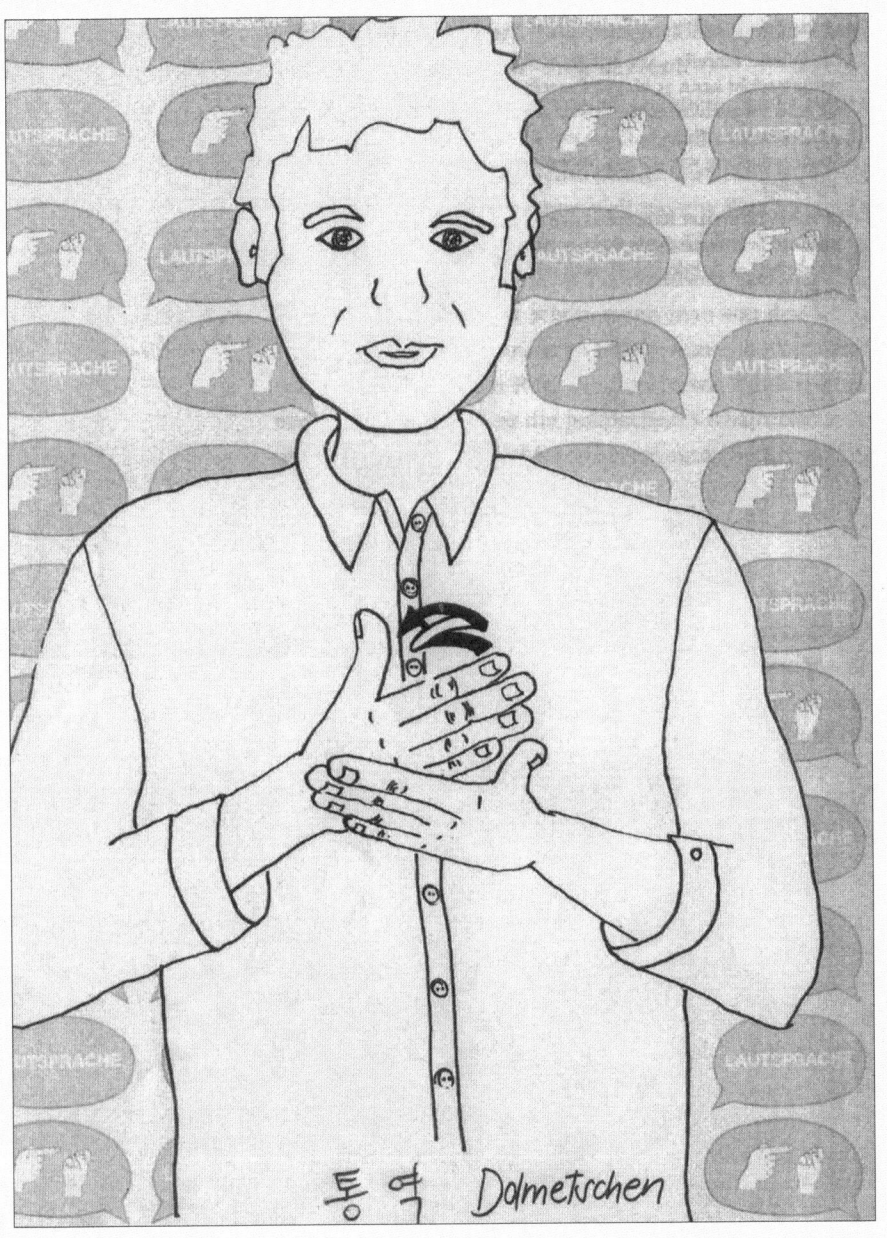

수어 통역

당신이 농인이라고 상상해 보자. 여덟 살 난 아들을 데리러 학교에 갔는데, 담임이 잠깐 할 이야기가 있다며 붙든다. 그 정도는 당신이 못 들어도 이해할 수 있을 것이다. 당신은 그 교사의 입 모양을 읽었고, 그의 몸짓으로 그의 의사를 짐작할 수 있기 때문이다. 하지만 선생님이 문제를 구체적으로 거론하기 시작한다. 당신 아이가 쉬는 시간이면 늘 혼자다, 교사의 지시를 따르지 않는다 등의 이야기를 늘어놓으면 당신은 무엇인가 심상치 않은 문제를 직감하고는 긴장되는 바람에 즉시 대화의 실마리를 놓치게 된다. 그 때문에 통역 없이 담임과 면담하는 것은 거의 불가능하다.

또 다른 상상도 가능하다. 자동차 사고가 나서 당신은 119구급차에 실려 병원에 갔다. 침대에 누워 진찰받는다. 의사가 당신에게 친절하게도 어떤 검사를 하는지 설명을 해 주기는 하는데 당신은 좀처럼 알아들을 수가 없다. 의사가 마스크를 쓰고 있으니 그의 입 모양을 읽을 방법이 없는 것이다.

아니면 이런 경우도 있다. 면접에 와 있는 당신은 최대한으로 좋은 인상을 남기고 싶다. 앞으로 당신의 고용주가 될 수도 있는 사람이 여러 가지 질문을 해 오는데 당신은 그의 말을 그저 대충 짐작만 할 수 있을 뿐이다.

농인과 청인이 만나는 일상에는 수어 통역이 요청되는 상황이 많다. 통역사는 음성언어를 수어로 통역하고, 또 그 반대로 수어를 음성언어로 통역하기도 한다. 통역사는 업무 시 반드시 직업상의 국제적인 윤리 강령을 준수한다. 그것은, 통역 시 대화에 간섭하지 않는다, 눈에 띄지 않게 행동한다, 중립을 지키고 엄격한 비밀 보장의 의무를 진다 등이다.

이 직업의 전제조건은 언어에 대한 관심이 있어야 하고, 다양한 문화를 인정하고 존중해야 하며, 농인이나 청각장애인들을 기꺼이 만날 수 있어야 한다.❶ 취리히 특수교육대학에서 3년간의 학사과정을 통해 전공할 수 있다.

---

❶ 취리히 특수교육대학에 관한 정보는 홈페이지 www.hfh.ch>Gebärdensprachdolmetschen 수어 통역란을 참고

바바라 부허
BARBARA BUCHER

1971년생

바바라 부허는 통역사로, 매일 저녁 7시 30분이면 스위스의 TV 유선 방송 채널 SRF info에서 방영되는 타게스샤우 Tagesschau (역자 주: 스위스 공영방송의 뉴스 프로그램)에서 수어로 통역을 한다. 수어통역사 교육을 받기 전에는 사무직원 교육을 받았다. 곧 수어통역사 경력 14년 차가 되고, 취리히 특수교육대학의 수어 통역과에서 12년째 외래 강사직을 겸임하고 있다. 바바라 부허는 부모님이 농인과 난청인이기 때문에 수어와 음성언어 두 가지 언어를 다 구사한다. 그래서 그녀와 남동생 모두 농인 사회에서 수어로 성장했다.

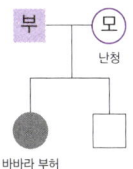

* 남자 □, 여자 ○
  농인 ———, 청인 ———

어떻게 해서 수어통역사가 되셨나요?

어머니가 난청인이시고, 아버지는 농인이세요. 좀 이상하게 들릴 수도 있지만, 그래서인지 저는 농인처럼 행동하는 경향이 있거든요. 제 남동생도 저도 둘 다 청인인데, 저는 마치 농인처럼 반응하고 행동하는 거예요. 최근에 다시 한번 실감을 했지요. 아버지와 차를 타고 가고 있었는데, 갑자기 너무나 위험한 상황에 아찔한 나머지 보통 청인 같았으면 그냥 본능적으로 소리를 꽥 질렀을 거예요. 그런데 저는 그 대신 옆에 앉아 계신 아버지를 쿡 찌른 거지요. 저는 이렇게 농인 사회에서 자라났어요. 이런 가족적인 배경이 있다고 해서 반드시 수어통역사란 직업이 제게 적격이라고 단정할 수는 없겠지만, 저처럼 사교적이고 거기에 언어적 재능까지 겸비하고 있다면 금상첨화라고 할 수 있지요. 그렇지만 수어 ▶14와 관련된 일을 직업으로 갖겠다는 생각은 아주 서서히 싹터간 것 같아요. 어린 제 눈에도 농인들은 종종 정보에 잘 접하지 못하고, 어려움도 많은 데다가 소통도 굉장히 힘들게 보였거든요. ▶4 그런 점들을 개선하는 데 일조하고 싶었어요. 그러던 중 수어통역사 양성 교육에 관한 이야기를 들었는데—스위스 독일어 권에는 겨우 30년 전에야 생겼죠— 아, 이거다 싶더라고요. 사무원이라는 전직을 거쳤기 때문에 돌아서 간 셈이기는 하지만 어쨌거나 제 천직을 찾은 거지요. 벌써 14년째 통역 일을 하고 있고, 겸해서 12년째 특수교육대학에도 출강하고 있어요. 이 강사 일은 제게는 큰 유익을 의미해요. 왜냐하면 이 과 학생들과 대화하다 보면, 이 분야를 처음으로 접하는 사람들에게 이 직업이 주는 도전이 얼마나 특별한지를 수시로 확인하게 되거든요. 학생들이 던지는 질문을 제게도 스스로 던져보고는 해요.

수어와 독일어 중 어떤 것이 본인의 모국어인가요?
독일어요. 저희 부모님은 저희와 독일어 음성언어로 대화하셨어요. 지금까지도 자주 그러세요. 농인인 아버지조차 당신의 음성으로 말씀하시거든요. 부모님은 두 분 다 독일어 음성언어▶28를 배우고 자라셨는데, 가족 중에서 유일하게 농인인 데다가 그때만 해도 학교에서는 수어가 금지되었기 때문이지요. 하지만 저는 수어를 부모님 친구분들과 특히 스포츠 동호회▶21를 통해서 아주 자연스럽게 배웠어요. 저는 두 가지 언어를 모두 구사하는 셈이죠. 심지어 꿈을 꿀 때도 상황과 관계없이 어떤 때는 수어로, 어떤 때는 독일어 음성언어로 이야기해요.

그럼, 수어 강좌 없이 바로 수어 통역 교육을 받은 것인가요?
저도 그것이 가능할 것으로 생각했어요. 그런데 아니더라고요. 저도 다른 학생들처럼 네 가지 수어 강좌와 일주일간의 집중코스를 수강해야 했어요. 수어 강좌에서 새롭게 배운 수어 표현은 거의 없었지만, 그래도 제게는 유익했어요. 수강생들을 지켜보면서 처음으로 실감한 것이, 수어를 잘못 표현하는 거예요. 수어도 틀릴 수가 있더라고요. 어떤 수어 표현은 올바르고, 또 어떤 것은 그렇지 않은지를 배우게 된 거지요. 그러면서 아주 소중한 사실을 하나 깨닫게 되었는데, 수어는 진정한 언어로서 문법을 토대로 하고 있으며 모든 것을 표현할 수 있다는 것이지요.

농인도 다 독일어(음성언어)를 배우는데, 왜 굳이 수어 통역이 필요한 것인가요?

사실 그 말씀이 맞아요. 요즘처럼 보청기나 인공와우▶6 같은 최첨단 기술이 만들어낸 보조 장치도 많고, 농인도 어느 정도 음성언어를 한다고 할 수 있지요. 그럼에도 불구하고 농인은 시시각각 음성언어만으로는 도저히 해결하기 어려운 상황을 직면하게 되거든요. 가령, 농인이 고등교육을 받고 싶을 때, 농인이 새로운 지식을 접하고 배운 것을 적용해서 다른 사람들과 교환하고 싶을 때 그 한계에 부딪히게 되죠. 그 이유는 보청기와 인공와우를 착용하고 있다고 해도 음성언어로 대화할 때는 농인들은 상대방의 입 모양을 눈으로 읽어야 하니까요.▶24 ❶

---

❶ '인공와우가 제공하는 소리는 기술적인 측면에서 여전히 그 한계가 있다. 인공와우의 전극선은 보통 12에서 22개로 약간의 청각 훈련을 통해 20에서 50개의 다양한 음의 고저를 구분해 들을 수 있고 웬만큼 조용한 환경에서는 대화도 비교적 잘 이해할 수 있다. 하지만 정상 청력이 거의 2천 개의 주파수를 구분할 수 있는 점을 비교할 때 인공와우의 성능은 여전히 열악하다.' 일간신문 Neue Züricher Zeitung '하이파이 인공와우' 헬가 리츠, 29.01.2014

수어통역사 이야기로 다시 돌아가죠. 수어통역사가 되려면 어떤 조건을 갖춰야 하나요?

취리히 특수교육대학에서 요구하는 조건 외에 제가 몇 가지를 더 덧붙여 보자면, 통역사는 청렴결백하고, 신뢰감을 주는 성격의 소유자여야 해요. 존재감은 분명하지만 동시에 한 발짝 물러서 있을 수 있어야 하지요. 다시 말해, 통역사는 무대의 한복판에 서 있기는 하지만 절대로 본인이 나서면 안 돼요. 무엇이든 자기가 주도하려고 하거나, 기존의 틀이나 상황을 뜯어고치려 하는 사람에게는 적합하지 않은 직업이죠. 다른 사람과, 그들이 꾸려가는 삶의 환경을 있는 그대로 받아들일 수 있어야 해요. 때로는 생소한 사실이나 사고방식도 열린 마음으로 대할 수 있어야 하고요. 여기서 '생소하다'는 표현은 농인에게만 적용되는 것이 아니라 청인도 마찬가지예요. 농인 청인 할 것 없이 사람들은 모두 개인적인 배경도 다르고 사고나 논리도 다르기때문에 제게는 낯설게 느껴질 때도 있거든요. 그런 경우 조차 간섭은 금물이지요.

통역 중에 쌍방이 제대로 소통이 안 된다고 판단되는 상황에서, 대화가 진전될 방법을 본인이 알 것 같아도 그 대화에 개입하지 않나요?

저는 늘 진행되고 있는 대화의 목적이 무엇인지를 자문해요. 일례로 노동청[2]에서 직업상담을 받는 농인이 왜 굳이 양식서를 작성

---

❷ RAV: 지역 노동청

해야 하는지 납득을 못 하고 있는데, 노동청 직원은 그것을 당연한 거라 우기면, 제가 개입해 제 통역 의뢰인의 입장이 되어서 "다시 한번 설명해 주시겠어요?"라고 요청하지요. 대화의 진척이 쌍방 간의 공통된 목표니까요. 예를 들어, 제가 지켜보기에 한쪽이 양식서 제출하는 것을 꺼리는 것으로 판단되는 경우, 저는 "네, 한번 생각해 보지요."라고 말을 해서 운을 떼주죠. 그럼, 상대방에서 "무엇을 고려하셔야 하는데요?"라고 되물어 볼 수 있는 기회가 생기거든요. 농인이 표정과 자세로 보여주는 의사를 제가 상대방에게 말로 표현해 주는 거지요. 두 사람이 동일한 공간에 있기는 하지만 직접적인 대화는 불가능하니까요. 제가 그 자리에 없다면 쌍방이 그저 서로에게서 감으로만 알아차릴 수 있는 내용을 제가 구체적으로 표현해 주는 거지요.

수어통역사에게는 특별히 어떤 어려움들이 있을까요?

인간, 언어 그리고 기술적인 측면에서 오는 어려움이 있는데요. 인간적인 측면에서의 어려움이라면, 저는 항상 새로운 상황을 직면하게 되고, 진지한 태도로 모든 사람을 만나야 할 의무가 있어요. 굉장히 어려운 대화에도 관여해 감당해 내야 하지만 일이 끝나면 다시 내려놓고 잊는 작업도 해야 합니다.

늘 그렇게 중립을 지킬 수 있나요?

대화에 감정이 개입되는 상황에서는 통역이 힘들어져요. 그럴 때면 저는 으레 통역, 그러니까 거론된 이야기를 언어적으로 소화하는 데 집중하고, 대화의 의미나 그 목적을 잃지 않도록 노력하죠. 감정이 격해진 상황에서는 직업정신을 발휘해서 내면의 거리감을 유지하는 것이 당연히 힘이 들지요. 무엇보다 중요한 것은 통역한 내용들을 나중에 다시 성찰하고 저 자신과 제 역할을 검토하는 일입니다.

또 스트레스가 되는 요인을 든다면 심리적인 면인데요. 수어와 음성언어를 다 알아서 제 실력을 평가할 수 있는 제삼자가 통역 시 같은 공간에 있는 경우에요. 한 가지 사실에는 항상 여러 가지 통역이 가능하고, 그 통역은 통역사에 의해 윤색되기도 하고, 또 언어라는 것이 늘 명확하게 분명한 것이 아니잖아요. 그래서 통역은 그저 본래 의미의 근사치나 다름없기 때문에, 통역사는 그 제삼자와의 대화에서 그 마음에 들게 처신해야 하는 부담감이 있는 거죠. 하지만 저는 그것을 일종의 촉진제 역할로 받아들입니다. 통역에서의 어려움을 더 좀 이야기하면, 대화 상황에서 그 뒷배경을 제가 모르는 경우지요. 예를 들어, 대화하는 두 사람이 이미 예전부터 아는 사이일 경우, 제가 모르고 있는 사실까지 그들이 굳이 설명해서 이야기할 필요가 없지요. 화자 둘은 이미 알고 있는 사실이 이야기의 뒷배경에 있지만, 그 사전 지식이 없는 저로서는 그 대화의 섬세한 뉘앙스를 이해하기가 어려워 통역이 힘들어지는 거구요.

그리고, 동시통역시 필요한 고도의 집중력도 어려움에 속해요. 동시통역에는 두 번째 기회가 없거든요. 인터넷 TV인 포커스파이브가 그 예인데요. 대화는 계속 진행되기 때문에 되물어 보거나 보고할 시간이 전혀 없어요.

이제 언어적 측면에서의 어려움을 말씀드려야겠네요. 어떤 특정 분야를 다룰 때 그 전문용어를 통역하는 것이 특히 어려워요. 특히나 뉴스 프로그램은 아나운서의 발화 속도가 엄청나게 빠르고, 농축된 언어를 사용할 뿐만 아니라, 많은 정보를 함축하고 내용도 복잡하기 때문에 통역사의 역량을 특히 더 요구한다고 할 수 있지요.

통역 속도에 맞추기 위해 뉴스 보도 내용을 요약하기도 하나요?

아니요. 일대일 동시통역이 가능하기는 해요. 중요한 것은 내용을 다시 그대로 전달하는 것이지, 단어 하나하나를 모두 수어로 옮기는 자체가 의미가 있는 것은 아니에요. 수어가 음성언어 단어로 일대일 통역이 불가능해서가 아니라, 원래 한 언어를 다른 언어로 통역할 때 그런 일대일 통역이 불가능하거든요. 언어마다 고유한 문법을 가지고 있는 것처럼 수어도 마찬가지예요. 음성언어는 단어를 나열하는 평면적 구조를 가졌지만, 수어는 몸짓, 표정, 자세, 시선의 방향, 입 모양 ▶26 등 모두 의미를 전달하는 요소로 동원되거든요. 또한 수어는 고유의 문장구조로 되어 있어요. 주어와 목적어는 한 공간에서 표현되는 몸짓과 템포를 통해 서로 연관성을 가지고 전달돼요. '그가 말한다.' 혹은, '그녀가 대답한다.' 같은 직접화법은 시선의 방향과 자세를 통해 표현되고요. 기쁨, 분노, 실망 등의 감정은 따로 몸짓이 필요 없이 표정만으로도 표현돼요. 언어 연구학자 페니 보에즈 브레엠 Penny Boyes Braem 박사는 이런 말을 했죠. '음성언어에서는 여러 단어로 이루어진 문장으로만 전달될 수 있는 수많은 정보를, 수어에서는 몸짓 하나만으로도 담을 수 있다. 수어는 시각적이고 삼차원적인 언어로서 시간과 공간을 동시에 활용하는 특성 덕분에, 음성언어에서 몇 가지 단어면 가능한 표현을 일일이 몸짓으로 통역해 내려면 시간이 더 소요되는 단점을 상쇄할 수 있다.'❸

모든 정보가 수어로 다 통역이 가능한가요? 아니면, 그 내용을 간소화해야 하나요?

분명히 말씀드리지만, 저는 그 정보를 간소화하는 것이 아니라, 복잡한 내용을 이해하기 쉽게 만들어 줍니다. 저는 모든 정보와 그 관련 내용 모두 다 통역합니다. 이따금 제가 이미 통역한 주제를 가지고 주도면밀하게 질문해 오시는 농인들이 있어요. 저는 그런 경우를 제가 통역을 제대로 했다는 증거로 받아들여요. 왜냐하면 좋은 질문이 생겼다는 이야기는 다시 말해, 그 전달된 정보와 관련된 사실을 이해했고, 그 사람의 관심을 자극했다는 것을 의미하니까요. 얼마 전 저희 어머니가 제게 부탁하셨는데, 뉴스에서 보셨던 'too big to fail (역자 주: 대마불사 大馬不死, 직역하면 '큰 말은 죽지 않는다'라는 뜻의 경제용어로, 대형 회사가 파산하더라도 부작용이 너무 커서 구제금융 등을 통해

---

❸ 페니 보에즈 브레엠, 수어입문과 연구, 제도르프 1995. 52쪽

결국은 살아남는다는 의미)'❹의 의미를 정확히 설명해 달라시는 거예요. 어머니의 질문이 저는 너무 반가웠어요. 왜냐하면 바로 그 이유로 통역사가 된 것이거든요. 농인들의 정보 결핍을 덜어주는 것 말이에요.

기존에는 없었던 새로운 단어나 표현이 있을 때는 어떻게 하나요?
여러 가지 방법이 있지요. '비트코인 Bitcoin'을 예로 들어 볼게요. 지화 指話▶9로 철자 하나하나를 나열한 다음, 그 의미를 설명하는 거예요. 그것은 독일어로 통역할 때도 마찬가지인데요. 새로운 인터넷 화폐라고 말이지요. 비트코인을 손가락으로 쥐고 있는 동작을 보여주거나, 그 동전의 작고 둥근 생김새를 표현하지요.

그런데 정말 수어로 독일어의 그 섬세한 뉘앙스를 다 통역하는 것이 가능한가요? 예를 들어 '화나다', '짜증나다', '분개하다', '격양하다', '성나다', '열받다', '분노하다', '격분하다'도 그 의미에 약간씩 차이가 있잖아요?
아주 훌륭한 예를 드셨어요. 어차피 이 단어들 전부 그 여러 감정에 가장 근접하게 묘사해 보자는 시도에서 임시변통으로 만들어

❹ 'Too big to fail' 너무 커서 무너질 수가 없다는 뜻이다. 예를 들어 한 은행의 규모가 클수록 파산할 경우 그 구조적 여파가 막강하다. 쉽게 부도가 날 수 없기 때문에 2008년 스위스의 은행 UBS의 경우처럼 정부의 재정 지원을 통해 '구제'될 수 있다.

진 것들 아니겠어요. 그것이 그만큼 힘들기 때문에 늘 새로운 단어가 여전히 등장하는 것이고요. 수어는 이런 뉘앙스를 표정과 자세 그리고 몸짓의 격렬함으로 문제없이 표현할 수 있어요.

뉴스 통역, 사전 준비가 가능한가요?

뉴스의 전반적인 내용과 아나운서의 대본, 보도 내용 그리고 화면과 함께 설명되는 부분들도 일부는 방송 두 시간 전쯤에 읽어 볼 수 있어요. 하지만 전문가나 정치인들과의 생방송 인터뷰처럼 즉흥적으로 추가되는 경우는 미리 보는 것이 불가능하지요. 미리 통역해 둘 시간이 없기 때문에 저는 보도 내용에 집중해야 해요. 뉴스 본문을 미리 외우거나, 텔레프롬프터 Teleprompter❺로 키워드를 읽을 수 있는 것도 아니기 때문에, 저는 오로지 제 귀로 들은 내용을 그대로 통역하도록 훈련된 거죠.

아까 잠깐 통역사가 겪는 기술적인 측면에서의 어려움이 있다고 언급하셨는데요.

말 그대로 기술적인 측면에서의 어려움에요. 제 통역이 녹화되고 스크린에 투사가 될 때는 조명과 마이크 때문에 일이 방해를 받을 수 있어요. 그 대표적인 사례가 스위스 농인협회▶30의 공식 행사였어요. 그곳에서는 여러 명의 통역사가 수어뿐 아니라 각종 외국어로 동시에 통역을 해야 했어요.

❺ 보도 내용이 적힌 첨단 기술의 모니터 화면

통역 중에 내용의 연관성을 생각할 시간의 여유가 있나요? 아니면 그냥 기계적으로 통역 과정을 거치는 것인가요?

제가 뉴스 보도를 통역할 때는 시청자가 TV로 보도 내용을 이해하는 식과는 전혀 다르게, 제 머릿속은 순전히 언어적으로만 정보를 접해요. 하지만 보도 중에 감정에 호소하는 내용이 있을 때는 잠시 머릿속으로 머뭇거리는 순간이 있기도 하지요. 다행히 저는 뉴스 보도 두 시간 전에 이미 보도 내용을 살펴봐서 잘 진행할 수 있는 것 같아요.

아주 골치 아픈 상황들을 많이 경험할 것 같은데, 어떻게 소화하나요?

그런 상황에 잘 대처도 하고, 또 내려놓는 것도 배워야 해요. 가장 좋은 방법이 동료들과 정보를 나누는 것인데요. 그 상황을 자세히 다 설명해서도 안 되고, 그 사람들의 이름을 공개해도 안 되지요. 또 삼가야 할 것이, 오고 간 대화의 과정을 분석하거나, 문제를 야기시켰을 만한 요소를 찾거나 하는 일에요. 하지만 동료들과 함께 경험을 나누는 것이 제게는 정말 큰 도움이 돼요. 또한 제가 나름대로 개발한 해소 방법이 있어요. 저는 제가 일하는 동안 저의 역할이 길고 긴 과정의 일부가 아니라 한 점에 해당하는 순간적인 관여라고 생각해요. 그렇기 때문에 저는 비교적 쉽게 통역 후 그 주제와 거리를 둘 수 있는 거고요. 때로는 농인들과 이야기를 나누는 것도 많은 도움이 돼요. 특히 운동하면 제대로 해소가 되지요.

오랜 시간 어려운 측면에 관해서 이야기를 나눴는데, 아주 유쾌한 상황에서는 어떻게 하나요?

맞아요. 어려운 상황뿐만 아니라 즐거운 상황에서도 감정은 동일하게 개입되죠. 초음파로 태아를 검사한다던가, 특별한 업적으로 표창이나 상을 받는 상황 말이지요. 아니면, 스포츠나 문화 행사 같은 것도 있고요. 통역 중에 저는 계속 말을 하는 사람으로서, 의뢰인을 대변해 일인칭을 사용하기 때문에 그 순간에는 강한 친근감마저 느끼고, 때로는 저를 동일시하기도 해요. 그래서 그렇게 제 감정이 특별히 개입되는 순간에는 더더욱 빨리 저 자신으로 돌아오고자 노력하지요.

통역 비용은 누가 부담합니까?

대표적으로 장애 보험을 들 수 있어요. 공법상 규정된 예산이 있거든요. 예를 들면, 일자리를 위한 예산, 연장 교육을 위한 예산 같은 거요. 아니면, 통역 인력사무소 프로콤 Procom[6]에서 경찰서나 병원, 법원 같은 공공기관에 직접 청구를 하기도 하지요. 이런 기관들은 장애인 평등법 ▶3에 준한 수어 통역을 직접적으로 재원 財援해야 하는 의무가 있거든요. 마지막으로 수어 통역에 할당된 예산이 또 따로 있어요. 이를 테면, 병원에 간다든가, 정치문화나 그 밖의 행사에 참여할 수 있도록 일정한 금액이 청각장애인들을

---

[6] 청각장애인을 위한 소통 지원 재단 www.procom-deaf.ch

위해 지급되는 경우지요.

한 사회에서 농인과 수어라는 주제가 많이 회자될수록, 공식 석상에서 이루어지는 수어 통역에 대한 인식이 늘어갈수록, 그 필요성이 더 많이 인정받는 만큼 절실한 재정도 그만큼 거론되어야겠지요. 인문계 고등학교와 대학에 가는 농인이 왜 그렇게 드물까요? 이 분야의 스위스 전문가들은 그 원인을 농인과 수어를 고려한 인문 고등학교 과정을 제공하는 학교가 스위스 전역에 오늘날까지 단 한 군데도 없는 것에서 찾아요. 그래서 스위스의 대학에 등록된 농인 학생이 아주 드물 수밖에 없는 거고요. 그렇기 때문에 단과대학이나 종합대학 입학 자격을 얻어낸 농인을 위한 통역을 재정적으로 지원하고 보장하는[7] 것이 더욱 중요하다고 봐요.

수어에 대해 어떻게 전망하세요? 점점 더 많은 농학생이 일반 학교로 통합되는 추세로 본다면, 언젠가는 수어가 우리들의 시야에서 사라지지 않을까요?

계속 개발되고 있는 첨단 보조 장치와 전문가들의 지원 덕분에 농학생들이 모두 일반 학교에 통합이 된다면야 그렇겠죠. 개발이 가져다주는 변화를 우리는 정확히 알 수는 없어요. 다만 저는 우리의 과거를 타산지석으로 삼아 예측해 볼 뿐이에요. 수어는 지난 13

---

[7] 농인 언어와 문화를 위한 잡지 Das Zeichen (페니 보에즈 브렘, 토비아스 하우크, 패티 쇼어즈의 '스위스의 수어 연구: 성찰과 고찰' 90/2012 64쪽 참조)

년 동안 철저히 억압당했어요.▶25 거의 퇴치될 뻔했는데도 수어는 여전히 건재하거든요. 수어에는 아주 특별한 힘과 에너지가 있어요. 그 때문에 수어는 미래에도 반드시 살아남을 거예요!

일러두기

1. **발음하기**

    고도의 청각장애를 가진 아동들은 음성언어의 소리를 청각을 통해 제대로 인식하지 못하기 때문에, 들리는 소리에 의지해 흉내 내어 언어를 학습하기가 힘들다. 그래서 얼굴을 통한 시각 혹은 촉각과 운동감각 등의 다른 수단을 통해 의식적으로 언어를 습득해야만 한다. 다시 말해, 입술의 움직임과 입 모양을 통해 다양한 발성 방법과 조음 위치를 아주 세밀히 관찰함으로써 소리를 배우는 것이다. 자신의 구강에서 만들어지는 소리를 손으로 만지고, 불고, 느끼고 확인하면서 연습에 연습을 거듭해야만 한다.

2. **청각 재활 교사**

    청각 재활 교사는 청각장애 아동이 장애 진단을 받는 순간부터 학교 교육이 끝날 때까지 아동의 언어와 인지능력뿐만 아니라, 사회성과 정서발달의 재활을 돕는 전문인력이다. 언어 습득과 듣기 훈련 그리고 청각 보조 장치 다루는 법 등의 도움을 준다. 학교 내 청각 재활 교사의 업무는 청각장애 학생의 듣기 훈련뿐만 아니라, 학교 교육과정을 무사히 이수할 수 있도록 학교, 사회적 또는 정서적인 문제들 전반에 걸쳐 지원한다. 따라서 청각 재활 교사는 장애 학생을 둘러싼 사람들 즉, 부모, 교사, 급우, 관청, 고용주 등과 함께 일한다.

3. **장애인 평등법 BehiG**

    장애인이 불이익을 당하지 않도록 2004년 1월부터 장애인 차별 금지법이 제정되고 효력이 발생하기 시작했다. 연방헌법 8조항에서 구체화되고 있는 평등 규정은 특히, 네 가지 주요 분야에서 불평등이 금지되어야 할 것을 피력하고 있다. 공공장소나 시설 혹은 서비스, 학교와 직업교육, 대중교통에서 방해 요소는 제거되어야 한다. (165~168쪽 참조)

4. **언어발달 지연**

'어린이는 세상에 관한 지식을 대부분 언어를 통해 습득한다. 그뿐만 아니라 부모나 친척 등 성인과 소아와의 소통을 통해 지식을 공유한다. 이것은 장차 학교 교육에 기초가 되는 필수이기도 하다. 또한 언어 이해력에도 도움이 되는데, 그 이유는 주변 환경에 대한 이해 없이는 제대로 된 이해라는 것이 불가능하기 때문이다.'❶ 고도의 청각장애 아동이 자연스러운 모국어가 아닌 음성언어로만 성장하게 될 경우에는 소통과 지식뿐 아니라 결국 교육의 기회를 얻기도 힘들어진다. 더욱이 외국어로 읽기와 쓰기를 하는 것과 진배없는 결과를 초래한다. ▷23

5. **이중언어 교육**

이중언어 교육의 목적은 고도의 청각장애 아동이 가능하다면, 모국어로 조기에 수어를(음성언어와 함께) 배워서 두 개 언어로 수업받게 하는 것이다.(91쪽 참조)

6. **인공와우**

와우는 라틴어 어원으로 달팽이관을 의미한다. 기존의 보청기가 거의 도움이 되지 않고, 청신경이 손상되지 않은 사람의 경우, 고려될 수 있는 청각 보조 장치이다. 귀 옆 측두골 내로 이식되는 장치와 외부의 어음처리기 둘로 나뉜다. (221쪽 참조)

7. **농아 聾啞 (deaf and dumb)**

영어의 'deaf and dumb'을 독일 말로 옮기면 'taubstumm'이다. 흥미로운 것은 영어 표현의 두 번째 단어인 'dumb'이 독일어의 'dumm'과 어원이 일치한다는 것이다. 두 단어 모두 감각이나 머리가 '둔하다'라는 뜻을 갖는다. 영어와 독일어의 두 표현이 모두 청각장애인을 둔하다고 암시하며 사용되었던 것은 의심의 여지가 없다.

❶ 프랑소아 그로종, '농아동의 이중언어 교육 권리'
스위스 농인협회 편집, 이중언어 교육으로 가는 길,
취리히 2013년, 25쪽

8. 사고와 언어

아직 언어 습득을 전혀 하지 못한 농인은 어떻게 사고를 할까? 수어로 아니면 음성언어로? 분명한 것은 수어와 음성언어를 막론하고, 문어로도 구어로도 다 아니라는 사실이다. 그렇다면 어떤 영상이나 감각으로 얻은 느낌 같은 것으로 사고할까? 한 가지 분명한 것은 농인은 결코 말로 표현은 할 수 없더라도, 본인이 구별하고 구분하고 일반화한 것을 사고할 뿐만 아니라 시각적인 의문도 풀 수 있다는 사실이다. 하지만 과거를 성찰하고 미래를 계획하는 등의 추상적인 사고는 언어 없이 불가능하다는 이론이 지배적이다. 저명한 신경학자 올리버 색스는 그의 저서 'Seeing Voices'에서 '언어라는 수단으로 살 수 없는 한 인간은 이성이 결여되었거나, 정신에 장애가 있다고 할 수는 없지만, 그 사고의 세계는 많은 제약을 받기 때문에 아주 제한된 작은 세계 속에 살고 있다'[2]고 했다.

9. 지화

국제적으로 통용되는 지화는 한 손을 흉부 옆으로 비스듬히 손가락으로 알파벳 모양 한 자 한 자를 만들어 보인다. 오른손잡이는 오른손을, 왼손잡이는 왼손을 사용한다. 지화는 특히 이름이나 약칭 혹은 아직 수어에 자리 잡지 않은 신조어 등을 철자로 대신해 보일 때 주로 사용한다. 지화는 1620년 한 책에 소개되어 알려지게 되었다.

10. FM 송수신기 FM-Anlage

에프엠은 주파수 변조(역자 주: 일정한 진폭의 라디오 반송파 주파수를 전기신호에 따라 변화시키면서 통신하는 방법이나 방식)를 의미한다. 송신 마이크가 무선으로 청각장애인의 보청기에 부착된 수신장치로 소리를 직접 전달하는 방식의 이 보조 장치는 언어의 이해를 훨씬 용이하게 한다.

---

[2] 올리버 색스, 소리 보기, 뉴욕 2000, 34쪽

11. 포커스파이브 TV

포커스파이브는 수어로 진행되는 스위스의 인터넷 TV다. 이 비영리기업은 2003년 농인과 난청인을 언어의 장벽 없이 뉴스와 정보, 스포츠와 문화 프로그램을 접하게 한다는 한 가지 목표를 가지고 건립되었다.(143쪽 참조)

12. 재활 프로그램

청각장애 아동을 위한 재활 프로그램은 취학 이전 유치원 연령에 이루어진다. 예를 들어, 놀이 형식으로 접하는 수어, 언어발달을 돕는 놀이, 입 모양 읽기 훈련, 듣기 훈련과 재활 언어치료 등이 있다.▶2

13. 갤로뎃 대학

워싱턴 디시에 있는 갤로뎃 대학은 세계 최초의 농인과 청인을 위한 대학이자, 모든 프로그램을 농인과 청인에 맞춘 유일한 대학이기도 하다. 오늘날에는 농인은 물론 청인 사이에서도 농인과 수어에 관련된 모든 분야에 최고의 권위로 인정받고 있다. 어느 곳에도 청각장애인에게 제공하는 고등교육으로의 길이 이토록 활짝 열린 곳이 없고, 어느 곳에도 소통의 장벽 때문에 힘겹지 않게 공부하며 장애 없이 사회적 성공으로 나아갈 수 있는 곳은 없다.(204~205쪽 참조)

14. 수어

수어는 자연스러운 언어이다. 다시 말해, 수어는 인위적으로 만들어진 언어가 아니라 아주 자연스럽게 발달한 언어이다. 그렇기 때문에 수어는 나라마다 지역마다 다양한 것이다. 유럽에만 해도 20개 이상의 공식 수어가 있다. 수어는 음성언어와 마찬가지로 고유한 문법 체계를 가지고 있다. 수어에는 두 손과 팔, 표정, 입 모양,▶26 시선, 머리 그리고 상체가 모두 동원된다. 음성언어와 마찬가지로 수어로도 모든 표현이 가능하다. 수어는 문서화되어 보급되지 않았기 때문에, 일반적으로 농인에게 쓰기와 읽기는 외국어를 쓰고 읽는 것이나 다름없다.(19~21쪽 참조)

15. **농인·난청인**

'농인'이란 개념 정의는 관점에 따라 달라진다. 의학적인 관점에서 보면 농인은 '전혀 듣지 못하는 사람'과 동의어이고, 90데시벨 이상의 소리를(자료마다 제공하는 수치 ▶17에 차이가 있을 수 있다.) 들을 수 있는 청력을 의미한다. 하지만 농인의 입장에서 보는 농인이란 개념은 한 사람의 청각 능력을 의미하는 것이 아니라, 수어를 사용하는 한 공동체와 문화 ▶21로의 소속을 더 많이 의미한다. '농인'과 '난청인'의 개념에는 뚜렷한 차이가 있다. 난청인은 소통 시 들려지는 소리에 의존하는데, 다시 말해 난청인은 음성언어로 소통하고, 무엇보다 청인 사회 문화 범위에서 활동한다. 스위스에 고도의 청각장애인 인구가 얼마나 되는지에 대한 자세한 통계는 없지만, 총인구의 1,000분의 1, 대략 8,000명 정도로 추정한다.(47~49쪽 참조)

16. **유럽 공동 언어평가 기준**

유럽 공동 언어평가 기준은 읽기, 듣기, 쓰기, 말하기 능력을 A1, A2, B1, B2, C1, C2 여섯 개의 수준으로 나누어 학습자의 언어능력을 비교 평가하는 도구이다. A는 기초 단계, B는 중급 그리고 C는 고급 단계를 뜻한다.(191~192쪽 참조)

17. **데시벨로 표시한 청력**[3]

    정상 청력: 0~20데시벨
    경도 난청: 20데시벨 ~ 40데시벨
    중경도 난청: 40데시벨 ~ 55데시벨
    중도 난청: 55데시벨 ~ 70데시벨
    고도 난청: 70데시벨 ~ 90데시벨
    농인 청력: 90데시벨 이상
    자료에 따라 청력 구분의 차이가 크다.

---

[3] www.hearcom.eu 자료에서 발췌
(2014년 3월 28일)

18. 통합

    통합이라는 관점에 의하면 모든 사람이 함께 어울려 사는 사회에는 '정상'과 '비정상'을 구분하는 개념이 없다. 다양성 그 자체가 정상이다. 그렇게 모든 사람이 공평하게 일상생활을 누릴 수 있다. 이 원리는 유엔 장애인 권리 협약을 통해 수호되고 있다. ▶33

19. 사회로의 통합

    농아동이 음성언어 외에 수어를 배우게 되면, 흔히들 주장하듯 '말하기를 게을리하게' 되어서 수어와 같은 비중으로 음성언어에 더 이상 집중하지 않기 때문에 청인 사회로의 통합이 위기를 맞게 되는가? 아니면, 농아동이 지식과 음성언어로의 접근을 더 용이하게 해주는 자신의 자연스러운 모국어를 습득한 것이나 다름없기 때문에 수어가 오히려 통합에 도움이 되는가?

20. 소통의 문제

    농인은 종종 소통의 문제를 갖는다. 소음이 심하고, 조명이 어두운 환경에서는 바로 소통이 어려워진다. 사회·문화적인 행사에는 수어 통역이 제공된다는 조건으로만 참여할 수 있다. 스위스 공영방송국에는 오늘날까지도 수어 통역을 동반한 프로그램(일례로 저녁 5시 30분에 방송되는 SRF 뉴스 본 방송)이 아주 드물고, 독일어 방송물의 겨우 절반 정도가 자막 처리된다. ▶34 장애인 평등법▶3에도 불구하고, 유감스럽게도 수어 통역을 위한 재정적 지원은 여전히 제한되어 있는 현실이다.

21. 농인 문화

    시각적인 수어는 농인 사회와 문화의 기초이다. 농인들에게 장벽 없는 소통은 오직 수어로만 가능하다. 이들의 고유한 문화 역시 수어를 토대로 한다. 예를 들면, 수어 연극, 수어 시 낭송, Deaf-Slam(역자 주: 스위스 농인들의 문화 예술 행사), 농인 스포츠 동호회 등이 그것이다.(140쪽 참조)

22. **음성언어 대응식 수지 독일어(수지 프랑스어, 수지 이탈리아어)**
음성언어 대응식 수지 독일어는 본래 언어가 아니다. 예를 들어 독일어의 단어 하나하나가 그대로 수어 단어로 일대일 대응되어 표현되는 것이다. 다시 말해 손으로 표현하는 독일어인 셈이다. 이 음성언어 대응식 수지 독일어는 고유의 문법이 따로 없고, 독일어(음성언어)의 구조를 그대로 따른다. 이 음성언어 대응식 수지 독일어는는 독일어 문법의 이해를 돕기 위해 독일어 수업 시간에 사용될 수 있다.(75쪽 참조)

23. **읽기와 쓰기**
언어 습득을 하고 나중에 청력을 잃은 사람들과는 달리 고도의 청각장애를 가지고 태어난 사람 중 많은 경우에는 문어 文語를 대하는 것이 그리 녹녹하지 않다. 농인으로 태어난 사람은 청인처럼 태어난 순간부터 음성언어 환경에 노출되지 않기 때문에 음성언어를 본능적으로 습득하는 것이 불가능하다. 농인은 소리뿐만 아니라 단어도 의식적으로 배워야 한다. 그래서 농인에게 읽기와 쓰기는 외국어 같기 때문에 청인이 자신의 모국어로 된 글을 대하는 것처럼 익숙하지 않다.

24. **입 모양 읽기**
독일어에서는 기껏해야 모든 음절의 30%만이 말하는 사람의 입 모양을 통해 분명하게 읽힐 수 있고 나머지 70%는 그저 짐작으로 보충될 뿐이다. 하지만 제대로 추측하기 위해서는 기초 어휘력이 요구된다. 알지도 못하는 단어는 추측조차 전혀 불가능하기 때문이다.

25. **밀라노 회의**
1880년 개최된 밀라노 회의에서는 유럽의 농학생 교육 교사(모두 청인)들이 모여 음성언어가 수어보다 우월하다는 판단하에 농학생을 음성언어로 교육할 것을 결정한다. 음성언어를 사용하고 입 모양을 읽어야만 언어의 깊은 이해가 가능하다고 믿었다. 이러한 결정은 2010년에서야 철회되었다.(119쪽 참조)

26. **입 모양**

    수어에서는 입의 모양과 움직임으로 하나의 단어를 소리 없이 표현한다. 이 입 모양은 비슷하거나 동일한 몸짓조차도 전혀 다른 뜻을 가져오게 하는 역할을 한다. 예를 들어 스위스 독일수어에서 여자 형제와 남자 형제를 가리키는 수어 동작이 거의 똑같지만, 몸짓과 동시에 단어가 소리 없이 입 모양으로 표현되기 때문에 그 뜻을 구분할 수 있다.

27. **최적의 대화 조건**[4]

    청인과 농인 간의 소통은 그렇게 항상 간단하지만은 않다. 더 나은 소통을 가능케 하는 몇 가지 방법은 다음과 같다.
    * 손으로 살짝 두들기거나 흔들고, 빛의 신호를 보내는 등 주의를 끈다.
    * 밝은 조명을 염두에 둔다.
    * 서로 시선을 맞춘다.
    * 입을 가리지 않고 대화한다.
    * 표준어를 또렷하게 사용한다.
    * 천천히 그리고 보통 음량으로 말한다.
    * 간결하고 짧은 문장을 사용한다.
    * 말하는 동시에 다른 것을 가리키지 않는다.
    * 중간중간에 내용을 반문한다.
    * 이해하지 못할 경우에는 대화 내용을 반복하거나 적어서 혹은 도식화해서 보여준다.
    * 화제가 바뀌는 것을 알린다.

28. **음성언어 교육**

    음성언어 교육 방법은 청각장애 아동이 수어를 삼가는 동시에 음성언어에 집중해 학습함을 의미한다.(91쪽 참조)

---

[4] 농인 상담소의 전단지 '농인과 청각장애 환자' 내용을 기초로 다루었음. www.gehoerlosenfachstellen.ch (2014년 3월 27일)

29. 농인의 권리

1990년대 초 미국에서 있었던 일로, 두 명의 농인 여성이 농아동을 갖기 위해 정자 기증인을 찾았던 기사가 있었다. 이로 인해 고의로 '장애아'를 생산할 권리가 있는지에 관한 의문과 동시에 열띤 논쟁을 불러왔다. 일부 농인 부모는 듣지 못하는 것을 장애로 보지 않고, 수어가 상징인 아주 특별한 한 사회로의 정체성을 의미하는 한 특성으로 보기 때문에 자녀들도 본인처럼 농인이기를 바라기도 한다. 하지만 물론 농인 부모는 청인 아기도 농인 아기만큼 환영한다.

30. 스위스 농인협회

1946년에 창립된 농인과 청각장애인의 우산 조직인 스위스 농인협회는 농인과 청각장애인이 교육과 직업, 사회 그리고 문화 활동에서 청인과 동등한 권리와 기회를 수호하기 위해 일한다. 스위스 농인협회는 또한, '농인과 청각장애인의 지역적 그리고 국가적 조직의 연결망 형성에 힘쓴다. 수어를 위한 정보를 활발히 교환하고, 수어 문화를 대표하기도 한다. 농인협회는 수어 문화에 관심 있는 모든 이들과 함께한다.'❺

31. 언어 습득

영아에게 언어의 규칙을 가르쳐 주는 사람은 아무도 없다. 그럼에도 불구하고 삼사 세 연령의 아동은 자신의 모국어를 다소 정확히 구사하게 된다. 청인 아동은 출생(엄밀히 말해 어머니의 태안에서부터)과 동시에, 음성언어 환경에서, 소리로 들려오는 언어의 정보를 통해, 언어의 구조를 인식하고 이해하는 능력을 타고난 덕에 모국어의 규칙을 본능적으로 익힐 수 있다. 그와 마찬가지로 농인 아동은 시각언어인 수어의 구조를 본능적으로 인식하고, 이해하며, 수어를 하는 사람들에 둘러싸인 수어 환경에서 수어를 관찰하고, 흉내 내면서, 그 언어의 규칙을 배우는 것이다. 하지만 아무도 농아동에게 수어를 보여주지 않으면, 자연스럽게 언어를 습득할 수 있는 그들의 타고난 능력을 개

---

❺ www.sgb-fss.ch>스위스 농인협회의 전략지침에 관하여 (2014년 3월 28일)

발할 수 없다. 수어는 시각적인 감각 분야에서가 아니라, 음성언어와 마찬가지로 두뇌의 언어중추에서 다뤄진다.

32. **농아 聾啞 (소리를 못 듣고 말을 못 하는 사람)**

'농아'라는 단어는 말 그대로 '음성언어로 표현할 능력이 없다.'라는 의미를 가진다. 하지만 고도의 청력손실을 가진 청각장애인은 언어훈련을 통해 자신의 음성으로 말하기를 배울 수 있다. 소위 말하는 '벙어리'가 결코 아니다. 그렇기 때문에 그런 용어는 삼가야 한다. 올바른 용어를 든다면 '농인', '난청인'을 들 수 있다.

33. **장애인 보호를 위한 유엔 장애인 권리 협약**

'1조

이러한 협약의 목적은 장애인의 인권과 기본 자유를 영위할 수 있도록 도모하고 보호하며 장애인의 타고난 존엄성을 인정하는 것이다. (…)

2조

이러한 의미에서 음성언어뿐만 아니라 수어와 같은 비음성 언어도 '언어'에 속한다는 사실을 협약한다.

21조

체약국(역자 주: 조약의 발효 여부와 관계없이 그 조약에 의무를 준수하기로 동의한 국가)은 장애인이 의사와 의사 표현의 자유뿐만 아니라 정보와 아이디어를 가지고 전달하며, 다른 사람들과 공평하게 대우받고, 2조에서 언급한 것처럼 수어 사용을 인정하고 권장함으로써 자신이 택한 소통의 형태를 모두 사용할 자유가 있다는 사실을 가능하게 하기 위해 알맞은 조치를 한다.

24조

1. 체약국은 장애인의 교육에 관한 권리를 인정한다.
2. 체약국은 이러한 권리 실현을 보장하여, 장애인이 성공적으로 교육과정을 마칠 수 있도록 일반 교육기관에서 필요로 하는 도움을 받을 수 있게 한다.

3. 체약국은 장애인이 온전하고 평등한 교육의 기회를 가지고 사회 일원으로서 삶을 영위할 수 있도록 일상에서의 실질적인 생활 능력과 사회적 능력을 가능하게 한다. 이러한 목적을 위해 체약국은 수어 습득을 용이하게 하고, 농인의 언어적 정체성을 강화하며, 농맹인(역자 주: 시청각장애인) 중 특히 어린이에게는 그 개인에게 가장 적합한 소통 수단의 형태로 언어 습득을 통한 학교 교육과 사회성 발달을 보장한다.'❻

장애인 보호를 위한 유엔 장애인 권리 협약은 2014년 4월 15일 스위스에서 비준되었다.

34. 자막과 수어 통역 처리가 된 방영물

지난해 독일어권 스위스의 새 TV 방송국의 방영물 중 12,025시간(총 방영물의 50%에 해당)이 자막 처리되었다. 이 방영물은 모두 인터넷에서도 자막 처리가 되어서 볼 수 있다. 스위스·프랑스어권과 이탈리아어권에도 2014년 5월까지 실행될 예정이다. 수어 통역을 동반한 방영물에도 큰 진보가 있다. 예를 들어, 뉴스 프로그램인 타게스샤우도 SRF info 채널에서 수어로 통역되어 저녁 7시 30분에 생방송으로 보도된다. 수어로 통역되는 방영물 모두 인터넷으로도 생방송 시청이 가능하고, 원하면 자막 처리된 시청도 가능하다. 또한 SRF 채널에서는 앞으로 농인 사회에 관한 주제가 더 많이 보도될 예정이다. 웹TV 방송국인 포커스파이브가 그 내용을 조달하게 된다. 유감스럽게도 그 증가율은 2013년의 기록을 깨기는 힘들 것으로 예상한다. SRG 방송국에 의하면, 감각장애협회에 대한 의무를 최선을 다해 실행했다고 한다.

2013년 각 방송국 자막 처리 방영물 비율

SRF 1	50.7% (+27.9%)
SRF 2	48.9% (+5.3%)
SRF info	48.4% (+35.7%)
Deutschschweiz	49.2% (+21.5%)❼

❻ www.egalite-handicap.ch>평등법>국제>유엔/유엔 장애인 권리 회의 (2014년 4월 15일)

❼ 비주엘플러스, 스위스 농인협회와 농인 스포츠협회 회보 2014년 4/5월 호, 33쪽

35. 시각 의존성

농인은 시각에 강하게 의존한다. 그 때문에 이들은 종종 '시인 視人'이라고도 불린다. 의사소통 시에는 항상 상대방과 시선을 마주해야만 한다. 수어를 하거나 혹은 음성언어로 대화하더라도 반드시 상대방의 입 모양을 읽어야 하는 것이 그 이유다. ▶24

36. 소음기준표 ❽

0~10데시벨	거의 들을 수 없는 소리 (나뭇잎이 흔들리는 소리)
20데시벨	아주 경미한 소리 (시곗바늘 소리)
30데시벨	속삭이는 소리 (가랑비 소리)
40데시벨	미세한 소리 (거실에서 들리는 소리)
50데시벨	나지막한 소리 (일반 대화 소리)
60데시벨	보통 소리 (사무실 소음)
70데시벨	큰소리 (1미터를 거리에 두고 하는 대화의 음량, 일반적인 거리 교통)
80데시벨	큰소리 (시끄러운 음악)
90데세벨	아주 큰소리 (시끄러운 공장 작업실, 대형 화물트럭)
100데시벨	견디기 힘들 정도로 큰소리 (공기 압축기 Presshammer)
110데시벨	견디기 힘든 소음 (디스코텍, 팝 콘서트, 보일러 수선 소리)
120데시벨	견디기 힘든 소음 (50미터 전방의 제트기 소리)
130데시벨	귀에 통증을 유발하는 소음

---

❽ 비엔나 환경보호과의 소음 기준표, MA22, 비엔나 시 관청, www.medizinpopulaer.at/fileadmin/PDFs/047 Laermtabelle.pdf (2014년 4월 14일)

참고자료

책, 잡지, DVD

- Boyes Braem, Penny, *Einführung in die Gebärdensprache und ihre Erforschung*, Hamburg 1995
- Boyes Braem, Penny / Haug, Tobias / Schores, Patty, 'Gebärdensprachearbeit in der Schweiz: Rückblick und Ausblick', in *Das Zeichen. Zeitschrift für Sprache und Kultur Gehörloser*, 90/2012
- Bräunlich, Simone, *Kommunikationsbarriere als Ursache für die psychischen Störungen der Gehörlosen*, Bachelorarbeit, Hamburg 2011
- Grieder, Sonja, Brabbeln und Babysprache, Informationsheft Nr. 38 des Vereins zur Unterstützung der Gebärdensprache der Gehörlosen, Zürich 2002
- Grosjean, Francois, 'Das Recht des gehörlosen Kindes, zweisprachig aufzuwachsen,' in: Schweizerischer Gehörlosenbund (Hrsg.), *Auf dem Weg zur Bilingualität*, Zürich 2013
- Krapf, Johanna, Hände bewegen. *Eine Werkstatt zum Kennenlernen der Gebärdensprache*, mit DVD, Zürich 2011
- Krapf, Johanna, *Pauline und der Froschkönig. Vier Geschichten in Gebärdensprache*, DVD, Jona 2012
- Rietz, Helga, 'High Fidelity für Cochlea-Implantate,' in: *Neue Züricher Zeitung*, 29.1.2014
- Sacks, Oliver, *Seeing Voices*, New York 2000
- Schumacher, Kerstin, 'Im Kino war Lea noch nie,' in: *Spektrum neo*, 4/2013
- Schores, Patty / Martins-Wagner, Julia / Kollien, Simon, 'Zwei Veranstaltungen im Rahmen des PRO-Sign-Projektes in Graz, Österreich', in: *Das Zeichen. Zeitschrift für Sprache und Kultur Gehörloser*, 94/2013.
- Solomon, Andrew, *Far from the Tree*, New York 2012
- Uhlig, Anne C., *Ethnographie der Gehörlosen*, Bielefeld 2012

- visuellePlus. *Zeitschrift des Schweizerischen Gehörlosenbundes SGB-FSS und des Schweizerischen Gehörlosen Sportverbandes SGSV-FSSS*, April/Mai 2014

홈페이지
- 장애인 권익문제사무소: www.edi.admin.ch/ebgb
- 장애인 인권연구소: www.egalite-handicap.ch
- 수어 웹TV: www.focusfive.tv
- 갤로뎃 대학, 워싱턴 디시: www.gallaudet.edu
- 스위스 독일어권 농인직업소개소: www.gehoerlosenfachstellen.ch
- Projekt HearCom: www.hearcom.eu
- 취리히 특수교육대학: www.hfh.ch
- 스위스 인권협회: www.humanrights.ch
- 취리히 청각장애인학교 Sek3, Zürich: www.sek3.ch
- 스위스 농인협회: www.sgb-fss.ch
- 수어 연극: www.theatertraum.ch

저자·역자 소개

저자 요한나 크라프는 1956년 스위스 리스탈에 태어났으며, 현재 영어 교사로 재직 중이다. 청인 아동들에게 수어를 소개하기 위해 '두 손을 움직여요(2011년)'라는 워크숍 교재를 집필하는 등 수년간 수어에 전념하고 있다. 성인이 된 세 자녀를 둔 어머니로 요나에 살고 있다.

역자 홍승희는 대학에선 독일문학을 공부했지만, 졸업 후에는 애니메이션 제작소에서 통번역을 하며 미국의 TV 방영물 제작을 도왔다. 네덜란드에서 가정을 이루고 독일로 이어진 타향살이가 어느덧 고국에서 살아온 세월과 엇비슷해가지만, 그중 대부분의 시간을 가정과 육아에 전념했다. 큰 아이 덕에 청각장애에 관한 정보와 자료 수집은 늘 우선순위였고, 간간이 통번역 일을 하며 요양원에서 어르신들의 일상을 위해 다양한 프로그램 구상과 진행을 맡아 일했다. 현재는 관청에서 근무하며 난민들이 독일 사회에 적응·통합하는 일을 돕고 있다.

소리를 보는 사람들

Augenmenschen: Gehörlose erzählen aus ihrem Leben
(Original title: German Edition)

초판1쇄 인쇄 2024년 12월 30일
초판1쇄 발행 2024년 12월 31일

저자 | 요한나 크라프 Johanna Krapf
역자 | 홍승희
감수 | 허일

발행인 | 안일남
발행처 | (사)영롱회
　　　　　서울시 강남구 양재대로 55길 6
　　　　　www.youngrong.or.kr, yr800121@hanmail.net
　　　　　02-3411-9561, 010-8305-9561

기획 | 안소현
디자인 | 유주연

펴낸곳 | 건강과생명
　　　　　서울시 종로구 대학로 7길 7-4 1층
　　　　　02-3673-3421

ISBN | 978-89-86767-62-9 03330

Copyright © 2015 Rotpunktverlag, Zürich.
Korean Translation Copyright © 2024 by Youngrong Association for the Deaf.

이 책의 내용을 이용하려면 반드시 저작권자와 건강과 생명(라온누리)의 동의를 받아야 합니다.
저작권법에 의해 한국 내에서 보호를 받는 저작물이므로 무단전재와 무단복제를 할 수 없습니다.